The Ten Great Marshals

徐向前元帅

姚有志 ◎ 主编

民主与建设出版社

·北京·

© 民主与建设出版社，2024

图书在版编目（CIP）数据

红色将帅 . 十大元帅 . 徐向前 / 姚有志主编 . —北京：民主与建设出版社，2017.1（2024.8 重印）

ISBN 978-7-5139-1163-4

Ⅰ.①红… Ⅱ.①姚… Ⅲ.①徐向前（1901-1990）—生平事迹 Ⅳ.①K825.2

中国版本图书馆 CIP 数据核字（2016）第 270927 号

红色将帅 . 十大元帅 . 徐向前
HONGSE JIANGSHUAI: SHIDA YUANSHUAI: XU XIANG QIAN

主　　编	姚有志
选题策划	梁　洁
责任编辑	王　越
特约编辑	胡艳红　肖贵辉
封面设计	罗四夕书籍设计工作室
内文设计	逸品文化
出版发行	民主与建设出版社有限责任公司
电　　话	（010）59417747　59419778
社　　址	北京市海淀区西三环中路10号望海楼E座7层
邮　　编	100142
印　　刷	文永印刷河北有限公司
版　　次	2017 年 6 月第 1 版
印　　次	2024 年 8 月第 2 次印刷
开　　本	710mm×1000mm　1/16
印　　张	11
字　　数	92 千字
书　　号	ISBN 978-7-5139-1163-4
定　　价	26.80 元

注：如有印、装质量问题，请与出版社联系。

目录

003 ○ 生于一个穷秀才家
007 ○ 上私塾
010 ○ 书店里的学徒
014 ○ 考取山西国民师范
021 ○ 当教书匠
026 ○ 考入黄埔军校
030 ○ 大元帅卫队队员
034 ○ 蒋介石找谈话
038 ○ 加入共产党
043 ○ 寻找毛泽东
047 ○ 参加广州起义
052 ○ 在东江打游击
059 ○ 走进大别山
064 ○ 提出游击战七条原则
067 ○ 活捉老上司
071 ○ 接连指挥四个战役

076 ○ 建立川陕根据地

079 ○ 粉碎敌人六路围攻

085 ○ 率四方面军长征

091 ○ 会师

097 ○ 会见毛泽东

101 ○ "终生抱愧的错误"

109 ○ 南下

118 ○ 孤身一人去陕北

122 ○ 回故乡

127 ○ 响堂铺伏击歼日寇

131 ○ 率部挺进冀南

135 ○ 奔赴山东

138 ○ 重返延安

140 ○ 带病出征

143 ○ 两战运城

150 ○ 攻破"卧牛城"

157 ○ 发动晋中战役

160 ○ 决战故乡

163 ○ 新中国第一位总参谋长

167 ○ 遗言

开国元帅徐向前

"向前"是由"象谦"谐音所改。少时到阎锡山督办的国民师范上学,过上了严格的军事生活。他顺利成为黄埔军校第一期第一队的学生兵,蒋介石找他谈话,不知所云,双方都没留下什么印象。1927年,他在广州、武汉等地到处找毛泽东。红4师传颂着徐向前的"打狗战术"。他按中央军委指示,化装成商人进入了鄂东北根据地。他总结了打游击战的七条原则。29岁的他任红4军军长,哪里战斗任务最艰巨,哪里情况最紧急,他就出现在哪里。他接连指挥打了4个胜仗,粉碎了蒋介石向鄂豫皖红军大规模"围剿"的企图。经"鸿雁传书",他坐在竹筐里攀着绳索过维古河去见彭德怀。面对张国焘分裂红军的行径,他严厉地说:"哪有红军打红军的道理!"他在《历史的回顾》中说,"我犯了终生抱愧的错误"。孤身一人去陕北,此时36岁的他看上去像五六十岁的老羊倌。他指导发明的"土行孙战法",对打运城、攻临汾、夺太原等起了重大作用。他抱病出任新中国第一任总参谋长。他向老战友、时任国家主席的李先念说了3条遗言。

生于一个穷秀才家

"世界上没有神童,我也不是神童。生于一个穷秀才家。从小笨,读书也不是高才生。革命初期,我是个无名小卒。"这是徐向前对家世、童年和青少年以及走向革命的自我点评。

1901年11月8日,徐向前出生在山西省五台县永安村。

村边是一条长流不息的滹沱河,比起长江、黄河来说它是条小川,但在五台人眼里,它是了不起的大河,是一条和名家、伟人的名字相连的河。它全长540多公里,源头在五台山东北的泰戏山,湍急奔流,穿割太行山区,流入河北平原,汇进子牙河。就在这条滹沱河流经的五台县境内,紧靠河北岸有个偌大的村庄,叫永安村。

徐向前就是看着这条河长大的。每年滹沱河发大水,大人总是嘱咐他:"不要去河边,河里会有水鬼爬

上来。"他长到8岁那年,开始偷偷到河边玩水,慢慢地在这条河里学会了狗刨式游泳。他一生不管走到哪里,想起家乡,就要想到滹沱河。

徐向前出生时是农历辛丑年,正是清王朝摇摇欲坠年代。1900年秋天,英、美、日、俄、法、德、奥、意等八国联军10万余人,进攻北京。北京城惨遭浩劫,八国军队一直打到五台县龙泉关。1901年7月,就是徐向前出生前的4个月,清政府与侵略中国的11个大小帝国主义列强,签订了丧权辱国的《辛丑条约》。

每一个家庭,都有一部兴衰史。那年代,迁居多是伴随着贫困的,农家人不是讨饭,就是跑小买卖。徐向前祖宗辈自从洪洞县迁居五台县之后,一代代繁衍,一代代奋斗。到第十代,有人发财做了官,有人一贫如洗。据徐门的家谱记载,清王朝顺治初年前后至光绪末年,徐族中在250年间,做过七品官以上的人50多;得诰封、诰授的15人以上。其中最高的官,算是徐向前祖上的徐松龛,官至钦差,头品顶戴。清道光年间钦点状元,翰林院编修,做过巡抚,署理过两广总督,编著有《瀛寰志略》。此人多才,却不知为什么犯了王法,被罢官治罪。他死后,还得服刑,棺材上锁着铁链子。这桩事距离徐向前出生,是前十多代的事。

徐向前的母亲一辈子生下7个子女。徐向前是第六个孩子，奶奶开心，遂取名为"银存"。意思明白：他的前程不光发财，而且银钱会多多积存起来。

农家有劳力，才是家庭兴旺发达之源，可是徐向前兄弟姐妹6个，算得上整劳力的，只有母亲。她已年近40岁，一双小脚，眼神又不好，不要说种田地，就是忙着全家七八张嘴吃饭，也是整年起早贪黑。徐向前的父亲"四书"、"五经"读得烂熟，只是不会种地，找了个教书馆离家谋生。

徐向前刚刚记事，每天跟随在母亲的身边，做些小孩子能做的事。他最愿意做的事是照看妹妹小占月。论说，家庭中有奶奶、两个姐姐，照看最小的孩子，本不应该落在一个男孩头上，可是从小心善的徐向前却整天陪着多病的小妹妹占月一块玩。

徐向前七八岁的时候，冬天，母亲就叫他和哥哥每天早起拾一筐粪，否则不准吃饭。拾粪，要去离家1里多地的村前车马大道。起得早拾得多，起得晚了，就可能空着筐回家。寒冬腊月里人称"鬼龇牙"的五更时分，冷得透骨彻心。小小的徐向前在外边拾粪，手和脚都冻僵了，要是拾不满，就不敢早回家。等他和哥哥把满满一筐粪提回家，母亲总是帮他脱鞋上炕，帮他暖暖冻僵的小手，可是从不说可以少拾一些的话。

夏天，徐向前去割草挖野菜、采树叶，所以从小就

认识许多种野菜。后来这吃野菜的习惯他保持了终身。长征时粮食极度缺乏,徐向前带头采野菜充饥。直到他当了元帅之后,还是常常吃些野菜、粗粮。

上私塾

徐向前的启蒙老师是他的父亲。上学前,父亲就教他读书、写毛笔字,要求很严格。

10岁的那年,父亲送他进了村里的私塾,起学名徐象谦,表字子敬,直到在黄埔军校毕业后他还用着"象谦"这个名字。大革命失败后,根据这个名字的谐音,改成"向前"。

在私塾学习,徐向前常常受到先生的夸奖。先生让他领着孩子们读《三字经》、《百家姓》,这些书他在家就跟着父亲读过。徐向前晚年回忆起他的私塾生活时写道:"在私塾里,我的学习成绩一直很好,老先生也喜欢我,这不是我有什么天赋之才,而是父亲、老师用心血造就的。"

在徐向前入学的那一年,中国爆发了辛亥革命,结束了中国两千多年的封建专制制度。不过那时徐向前还小,不明白清王朝被推翻、孙中山做了中华民国的临时

大总统是怎么回事，只是好奇地看到赶集的时候，官家的"剪辫子队"拿着剪刀，看见男人的辫子抓住就剪，还说女人不能再裹脚了。教书先生给孩子们讲辛亥革命的事，还说太原也举行了武装起义，并郑重其事地说：山西的都督阎锡山是河边村人氏。河边村，就在向前家村子旁的滹沱河对岸。

1914年，徐向前转到东冶镇沱阳学校读高小。这是五台县第一座地区性学校，充满了辛亥革命后的新风气。学生学语文、算术、英语、历史、地理、格致（理化）、修身等课程，每天有体操，每周末有一次学生军"大操典"，还经常有军官学校的学生来教他们爬杆、耍木枪、唱军校的一些歌。徐向前来到这个崭新的天地，感到眼界开阔了，头脑里的问题也多了，求知欲望也更强烈了。有一次他好奇地问老师："中国人学英国话，英国人学不学中国话？"老师没有回答。

徐向前的家离东冶镇只五六里路，可是徐向前征得父母的同意住在学校里。他喜欢愉快的集体生活，喜欢同学们聚在一起，谈论自己感兴趣的事。家里拿不出住校的伙食费，他就自己带着玉米面拌青菜蒸的馍和芥菜疙瘩等到校用餐。

生活虽然艰苦，但向前学习的热情很高，他尤其重视算术、英语等新课程的学习。在课余时间，向前看了许多书籍和报刊,他还从军校生那儿听到许多新鲜的人和事:什么孙中山、辛亥革命、民主共和、反袁斗争……

可惜这段时光很快就过去了,第二年寒假,父亲检查徐向前的学习时,没想到皱起了眉头,认为向前的作文越来越差了。向前的语文成绩一直很好,可父亲用八股文的规范来衡量就很不中意。父亲说:"你的文章越来越差了,看来不能再叫你到东冶上学了。"

于是,徐向前又回到村里上私塾了,依旧哼哼唧唧地读《四书》、《五经》。徐向前感到很沉闷,更没想到,回私塾不满一年,他就失学了。

书店里的学徒

家里的生活一天比一天困难，再也供不起两个孩子上学了。爸爸决定哥哥继续读书，向前在家劳动，这时他还不满 15 岁。

徐向前在家里割草、挑水、拾柴，还到离家 40 多里地的窑上去背炭。他喜欢到野外去跑，也喜欢到滹沱河去凫水。而他最想的是读书。他常常找一些旧书来看。一次，沱阳学校的同学告诉他，东冶镇书摊上来了好书。他想看书又没有钱，就在家里东翻西找，翻出一对耳环和一副手镯，背着母亲跑到当铺。当铺掌柜认识徐家，觉得不对头，把事情告诉了徐向前的母亲。母亲气极了，徐向前书没买成，还差点挨了打。

这时母亲想，让徐向前去学木匠，做个手艺人。父亲不同意，想叫他去店铺里当学徒。

父亲几经周折，在离家 200 多里的河北阜平县找到一家书店，让儿子去当学徒。徐向前一听是书店，心里高兴极了，毫不犹豫地接受了自己一生中第一个职业。

学徒的生活很苦。那是一家门面很小的书店，卖书，也卖百货，除了徐向前还有一个大伙计。徐向前每天天不亮就要起来挑水、扫院子，还得给东家倒尿壶、做饭、烧水、劈柴、纺线、磨面粉。最苦重的活要数磨面了。两头大骡子拉磨。一天要磨6斗麦子，牲口轮流换，不满17岁的向前要一箩箩把面筛出来，一人顶到底。一天下来，腰酸腿疼，躺下就不想动，半夜还得起来两次给骡子添草料。东家做梦都想发财，用学徒狠极了，徐向前挨打受骂是经常的事，还要受大伙计的欺负。

男老板，是徐向前大姐夫的表兄弟。俗话说，表亲不算亲，姐夫的表兄弟，对徐向前说来，更不算亲了。使他开心的是，这小店卖的书中，有许多是他没读过的新书。每天干完活，便趴在柜台前，读着不花钱的书。他从小爱看书。因为没钱买，那一次把妈妈的一对耳环和手镯偷偷拿去了，气得妈妈要打他的事记忆犹新。如今看书，不要钱买，再不会发生那种丢人的事了。开头几天，店主人倒也不说什么，过了不久，女老板向店里伙计说了：白天谁都不能看书，要忙店里事，就是没了事，也要站在柜台前，眼观四路，耳听八方；夜晚，不能点灯看书，灯油点不起。徐向前知道，这是针对他来

的。他只好尽量设法躲开女老板的眼看看书。

　　店主人的脸像六月的天，一阵阳，一阵阴。女当家的嘴，一会甜，一会尖，拿人家碗，属人家管。徐向前从早到黑被支使得团团转。

　　一会儿男主人喊："柜台上没人，去照看呀！"

　　一会儿女主人又叫："孩子哭了，快去抱抱！"

　　店里另个伙计年龄比徐向前大，个头也比他高，身强力壮，却懒得动手。他还仗着自己是店家的近亲，也板起脸，支派徐向前做杂事。里里外外，大事小事，这边喊，那边叫，使他整天脚不沾地的跑。

　　年景不好，小县城读书人少，书店一天天冷落，几天难得卖出一本书。"广兴隆"的生意，越来越不景气。老板看书和杂货赚不了多少钱，又添了两头骡子，兼做起面坊来。买进小麦，支上磨盘，用两头骡子轮换磨面。徐向前和另一位伙计，从此以磨面为主。每天起早贪黑，喂牲口、看磨坊，一天要磨6斗小麦。磨了筛，筛了磨。空下来还要站柜台、看孩子、挑水。不久，那个伙计走了，两个人的活，全加在徐向前一个人身上。

　　天不亮要起床，夜晚还要喂骡子。他的身子骨从小不壮实，繁重的劳动，累得他腰酸骨头散。他只好硬撑着干，喂骡子，看磨，吃饭都坐在磨道旁。阜平县城什么样，有什么景，他都没空出外看看。两头骡子还能倒替着休息，一头在拉磨，一头吃草，小徒工没有休闲的时候，他的生活像那盘石头磨，不停地转，不住地磨。从早到晚，一圈圈转，没有尽头。石头磨还有停转的时候，他这个小徒工，要转到哪一年，哪一月呢？

深夜，他躺在冰冷的小屋里，想到家，想起父母，想着东冶镇上的小学。他多么想回去看看，回去读书啊！可是，来学徒已经说下了，要三年期满，才能出师。这才一年多呀，还有两年呐，这日子怎么熬呢？咬咬牙熬出来，又能做什么呢？根本上他不愿意做个买卖人，不想当掌柜的。他愿意像父亲一样，当个教书先生。

唯一安慰他的，是店里的一些书。《罗通扫北》、《西游记》、《三国演义》、《水浒》、《荡寇志》一本本伴随着他熬过一个个夜晚。但是，《荡寇志》中写的梁山泊好汉们的下场，又使他感到丧气。

考取山西国民师范

一天,在困惑中的徐向前得到哥哥徐受谦从太原寄给他的信,说太原办了个国民师范学校,正在招生。考取后读书、住校、吃饭都免费,还发统一的衣服。徐向前得此消息,像是在人生岔路口上忽然看到一个新的路标,像黑夜里看到光亮,苦海中望见了岸边。生活就像那拉磨的骡子捂着眼,没头没脑地围着磨道转。

他毅然决定了:去太原投考学校!

不完全是命运,也没有什么人指点,得益于这几年他从不忘记读书。这个失学四年的小徒工,居然考取山西省国民师范速成班。从此他就离开了阜平县那条石头铺路的小街。之后,阜平县的这条街里,传出了这样的话:"那个山西的小伙计,投奔太原,得了个什么官……"

考上国民师范,当然不是"得了官"。只因学生都发了制服,徐向前和同学们,都脱掉旧长袍,换上一身新黄色的制服,在老百姓眼里,凡是穿制服的人,都是个"官"儿。

太原是座历史名城。远在战国时期为郡,从唐代以后改为府。辛亥革命推翻了清王朝改成民国后,这儿变成了军阀阎锡山统治的地盘。

阎锡山是徐向前一河之隔的老乡,五台县河边村人。他生于1883年,比徐向前大18岁。阎家开始是小地主,尔后在五台经营"吉庆昌"钱铺。阎锡山幼读私塾,16岁弃学经商,八国联军攻进北京那年,清兵在五台山一带设防,阎锡山因钱庄倒台,为躲避债务,跑去投军,在清军中当了一名伙夫。不久,又从军队中逃出,进入了山西武备学堂读书。难得的机遇,使这名经商失败,从军不成的人,成了日本留学生。1904年夏天,清政府指派山西武备学堂选派20名出国留学生,阎锡山当选了。他在日本专修军事的振武学校,结识了正在日本流亡的孙中山。在孙中山革命思想的影响下,阎锡山和留学日本"宏文"师范学校的同乡赵戴文等人,参加了孙中山发起的中国同盟会和铁血丈夫团。

1909年3月,阎锡山从日本士官学校毕业归国后,先在太原陆军小学任教官,后参加北京朝考,得了个"武官举人"头衔。随即升任为监督官和山西陆军第2标教练官、第86标统(相当于团长)。

1911年10月10日武昌起义爆发，阎锡山以在山西太原的中国同盟会会员、铁血丈夫团成员的资格，召集秘密会，发起了响应武昌起义，并领兵占领了太原市原抚署。太原起义成功，阎锡山被推为山西都督。孙中山十分器重这位山西都督，1912年9月19日孙中山来到太原，一次讲话说："武昌起义，山西首先响应，共和成立，须首推山西阎都督之力为最。"孙中山经与袁世凯讨价争执，阎锡山被袁世凯正式任命为山西都督。孙中山曾对阎锡山说："你要想尽方法，保住山西这一块革命基地。"还给阎锡山亲笔题写"博爱"两字，并与阎锡山等山西名流合影留念。

当年，阎锡山不负孙中山的厚望，雄心勃勃，他要以一位革命新人的形象，立"业"在山西。他发布军政权的施政纲领，提出"民德、民智、民财"三项政策。他以"信、实、进取、爱群"为"民德"四要；以"推广国民教育及人才教育、职业教育"等等，实现所谓"民智"；以"改良农业、提倡工业，以利民生"实现所谓"民财"。

他提倡新文化，反对旧礼教。他在《手谕人民十四条》中说：最为可恨的有两件事：男子吃鸦片，女子缠足。他在"十四条"中强调：补习国民教育，是教人学习，教人学本领。他在山西大力加强教育事业，在太原办了私立进山中学,在河边村办起私立川意中学,以他的字号命名。他更下本钱的是,在太原创立了山西国民师范学校。学校坐落在太原城里小北门街。新修了教室、礼堂、图书馆、实验室和学生宿舍。为创办这所学校耗资25万多元。它是当时全山西第一流的学校。校长赵戴文,是阎锡山的亲信助手,既懂文,又会武。学校设立两年制普通科20个班为"速成班",学生有1206名,除此之外,还设立二部师范4个班,学生200多名。

徐向前从考进学校,就穿军服,打绑腿,扎皮带,过着"半军事"生活,除了上军事课,还得参加野外军事训练。教官是阎锡山军队的营以上军官。

国民师范的学生都穿上军装,学校确实有点像军营。校歌也唱:"谈兵术,投笔可从军,奋精神,作中流砥柱,公道爱群……"

徐向前从小喜欢爬树上房、舞棍,如今俨然像个小兵,开心极了。学文化,学政治,又学军事。社会上的一些名流,军队中的一些大官,常来讲课。有些学生,暗暗担心:"这不是当了兵啦!"徐向前却不担心,他要读书,要寻求一条生活的道路。他想就算当兵,也不怕。

国民师范过着严格的军事生活。徐向前每天早早起

来，跑完步，洗罢脸，就拿起书本，高声朗读。他开始学习英语，从字母、单词开始，咿咿哇哇地练发音。在沱阳高小读书，他学过英文字母，早都忘了。

"中国人为啥学外国人说话？"他问一个比他年龄大几岁的同学。那同学也每天咿咿哇哇学英语。

"学英语好，"同学神秘地说，"学会外国话，出国留洋去！"

"留洋是什么？外国啥样？"从乡村来的徐向前不懂。

"留洋啊，坐上轮船，漂洋过海，到外国逛逛。"

那位同学，不知是听人说，还是从书报上看的，把外国说得天花乱坠，讲得"留洋"比孙悟空去西天取经还热闹。徐向前从小拾粪、挖野菜，活动的天地就是永安村。五台山离那么近都没去过，没看见过海，只在村边滹沱河里学过"狗刨"。他不相信那些话，也从没想过会出国留洋。学徒的时候，只想能到太原玩玩，只想有机会再读书。现在，读书的愿望实现了，像个饥饿的孩子，忽然来到摆满丰盛饭菜的餐桌前，大口大口地吞食起来。听说，速成班两年毕业，能分配到乡村当小学教员，他更觉得幸运。

学校是新的，课程也是新的。开学这一年，正碰巧赶上"五四运动"，从北京大学开始的反帝、反封建的学生运动，正像一团火在全国各地燃烧。"五四运动"的烈火，像黑暗中的明灯，照亮了一颗颗受苦的心。徐向前从图书馆的报纸、杂志上，看到了俄国的十月革命，看到了列宁（当时翻译是"里宁"）的名字。看到了全国各地学生、工人罢课罢工的消息。他感到这个世道变了。可是，革命是怎么回事，反帝、反封建又是怎么回事，他还很陌生。

读书、看报，使他懂的事越来越多。学校课本上没有的事，他从杂志上看到了；老师没讲过的事，他从同学中听说了。兴许是因为从小受苦多，他从心里向往俄国那样的革命，敬仰那个"里宁"。

"俄国有多远？"一天徐向前又问那个读英语上劲的同学。

"远呢！"

"劳农政府是什么？"

"……"那同学说不清。

答案只好自己寻求。徐向前课外和晚上，常跑到图书馆，从书报里找他想知道的事。学校课程里并没有"无产阶级革命"的课，他从书报中、从一些同学的谈论中渐渐知道了。"无产者革命"，像是一星火花，点燃着他的心。

第二年春天过后，"五四运动"一周年纪念，学生

们开纪念会、上街演讲、贴标语。徐向前作为觉醒中的一个学生，走上了街头，热情地参加活动。阎锡山害怕学生闹事，在督军署门前，设下三层兵：第一层皮带队，每个兵手提皮带；第二层是矛子队，每个兵手拿长矛；第三层是手枪队，每个兵握着手枪。徐向前从人们议论中知道了，阎锡山只准学生按他规矩行事，不准闹事越轨。阎锡山究竟是什么人呢，在他心中画起了一个问号。

当教书匠

"半个兵"的学习生活,徐向前度过了两年,对政治、军事发生了浓厚的兴趣,学习期满毕业后,被分配到阳曲县太原第四小学去当教员。

这所小学,教职员多为本地人,校方好像不怎么欢迎他这个外来先生。一个正牌的师范学校毕业生,却被分配去教一年级。国文课是教识字,算术课是10个阿拉伯数字。这些课题,就是三年级的小学生也可以教。面对着30多个娃娃,徐向前想到他爸爸常说的话:"家有三斗粮,不当孩子王啊!"但他心想,既当上了,就得当好这个"孩子王"。

他想把课教好,每天天不明起床。30多个孩子,有的不来上课,他跑到学生家里去查问明白;有的学生在课堂里发了病,他抱起病学生送回家。本地的老师一下课都回家,他住在学校里自己烧火做饭。从小他学了家务事,只因做饭菜是姐姐们的事,他一个男子汉却

不曾学过做饭，现在要从头学起。山西人爱吃用手指搓成的面食"猫耳朵"，他开始做的"猫耳朵"是一锅面疙瘩。使他欣慰的是，教书每月能得20元钱，当了教师，他才想到当年老父亲远去他乡教书的苦情。

转眼几个月过去了，学校到了放寒假的时光。徐向前满心欢喜，回到了五台县老家。他头一次用自己挣的钱，办了年货。一家人高高兴兴，过了个新年。谁会想到，正月十五刚过第三天，邮差送上门来一封信，徐向前拆开一看，不禁呆了：是太原第四小学校长署名的辞退信。

真是晴天一声雷！他的头脑晕了，不明白眼前发生的事，只觉得心里委屈。在学校里，他苦口婆心教学生，彬彬有礼对待校长和老师们，没得罪过任何人，没少上过一堂课，到底是为什么呀？辞退信里没说，只是用婉转的词句，请徐向前不要再回校了。他把信给老父亲看，老秀才茫然；事情说给妈妈和姐妹们听，谁都发呆。姐姐先月急性子，她说要找学校讲理去。徐向前说："什么讲理不讲理，人家就是不要你了。"

徐向前在他的晚年，还在回忆录中写道："这个没头案一直没搞清，现在我也不明白为什么辞退我。""我感到很突然，不，应该说是打击。从谋生的角度来说，一个学徒工，考入师范，又做了教师，是不容易的……

没想到,学校断了我的路。"

老秀才徐懋淮,在儿子被太原第四小学辞退以后,四处托人,想为儿子再谋一个教书的地方。不知是命运的安排,还是老秀才面子大,居然在河边村为儿子谋求了一个教书的位置。

在一河之隔的河边村,有阎锡山创办的中学和附小。中学和小学在村边大道两旁,占地很大一片。新建的校舍、大礼堂,校门外竖立着两座过街牌楼,牌楼的四面都雕刻着匾额,有两个匾特别令人注目:一个是"经文纬武",另一个是"公毅敏捷"。校旗上还绣着阎锡山的名号——"川意"两个字。大操场里还有个检阅台,阎锡山回来,常登台检阅向学生训话。阎锡山的父亲阎书堂说:这所学校是他们阎家的。这年徐向前来到河边村教书时,正是阎家大兴土木的年头。阎锡山的大院扩建,七座连通的院落,很快修建起房屋近千间,飞檐耸翠,斗拱叠云,雕梁画栋,镂砖刻石。国民党政府许多要人、军官常来这座宫殿似的阎府深宅作客。阎府门前,车水马龙。阎锡山回家来时,村前村后都布满了兵。

失业的徐向前能找到这个豪门下教书,每月薪水又是20块大洋,条件比在曲阳县太原第四小学还优越,感到很开心。按照当时乡村的风俗,十七八岁就是结婚

成家的年龄,这年他已经是21岁了。因为读书晚,家境不富裕,虽然早已和东冶镇上的朱香婵订婚,新娘迟迟没有过门。父母见儿子又能自力挣钱,便操办了婚事。那位朱家女子,性情温顺,略识经书,又会操持家务,徐向前倒也称心如意。婚后不多久,他带上行李,住在河边村教员集体宿舍。每天早起晚睡,备课认真,上课专心,生怕得罪了什么人。新生活,新学校,使他从痛苦中得到了解脱。命运好像注定:这一生就要像父亲,教书的路走定了。

他教书,不大喜欢每天照本宣讲,课堂上爱说点学生们喜欢听的故事。课前课外,有时东扯西拉讲一通。在太原读书,"五四"运动的影响,脑海里装了不少反帝、反封建的新思想。一次讲课,他讲了八国联军侵入北京的故事,还有一些历史故事,用以借古讽今。没想到这又伤了阎家人的威严,得罪了上司,被校长段葆藩叫去训导。徐向前认为学校无理,当面和校长争了几句,结果学校将他辞退了。上次被辞退给了一封信,这一次只是一句话:"你不好好教书,就走吧!"

寒冬的季节,北风呼啸,大雪纷纷。徐向前丢了饭碗,卷起行李,从结了厚厚冰层的滹沱河上走回永安村,比上一次被辞退还使他心里难过。年老的父母,结婚一年的妻子,还有刚出生不几天的女儿小松枝,全家人都需要他每月挣的20块钱啊！

回到家里，全家老小还以为他放假了，没想到他在学校里发生了事。只有妻子香婵很快发觉丈夫心里有事：他饭吃得少，觉睡不安，言语冷冰冰。妻子问了几次，都没问出个所以然。他一向孝顺父母，怕的是老人为他难过，这才把真情瞒着。直到父亲在外边听说后，他才把在学校发生的事说了。老秀才为人耿直不阿，见儿子在学校受了伤害，也不指责他了，含着旱烟锅，老半天才说了一句："你那个性子要改改了！"

两次被辞退，使徐向前受到难以忍受的打击。他原以为阎锡山是提倡新思想的，在以他的字号命名的学校里，却只能照本领读，不准说句别的话。徐向前的母亲、妻子、姐姐、妹妹都鸣不平。有的说要找学校说理，有的劝他向学校去赔个礼，请求复教。徐向前生成的犟脾气，他不认为自己有什么错，委屈求个教书匠，他才不干呢。

失业比失学还痛苦！

教书两次，两次被辞退，他要像父亲那样走教书的路，走不下去了。

考入黄埔军校

数九寒天,大雪纷飞,徐向前在太原城转了几天,工厂进不去,学校入不了门,每天在街头巷尾徘徊。军阀阎锡山统治下的太原城,无处容下这个倔强的青年。

一天,徐向前听到在军队中做事的哥哥徐受谦说,国民革命军陆军军官学校——黄埔军校在上海招生,有位姓郭的军官,愿意暗中保举些人去投考。徐向前听说军校是孙中山办的,放心大胆地约了几个同学,坐上火车奔了上海。

4月中旬,考生在环龙路一号初试。徐向前没想到,过不几天,通知来了,要他到广州参加复试,每人还发了5块钱。徐向前和山西的几个老乡都没想到,考军校的头一关过得如此顺当。他们哪里晓得,那时候时局不稳,黄埔军校急需招兵,规定考试很严格,其实挑选学生并不十分严格。这也算一种机遇。

十几个同学,乘上了从上海开往广州的轮船。广州,是国民革命的中心。孙中山领导下的国民党,在苏联十月革命的影响下,在中国共产党的积极帮助下,在这里开始建军。考生的复试地点在广东高等师范学校。复试的内容比初试还要简单,只是比较认真地检查了每个考生的体格,徐向前居然又顺利地通过了复试,被军校正式录取了。

5月初,他们踏上了广州以东40里的黄埔岛,成了陆军军官学校第一期第一队的一名学生兵。

这所军校,是孙中山以黄埔岛上的旧水师学堂和陆军小学的旧址为校址创办的。军校在黄埔岛,它一诞生,就被称为"黄埔军校"。它成了国民革命军的母校,将军的摇篮。

徐向前考入黄埔军官学校,迈上了革命征程的第一步。他脱去长袍,换上了苏式黄军装,脚穿草鞋,腰扎皮带,头顶大盖帽,手握一支步枪,两年前考入太原国民师范学校是"半个兵",今天成了真正的军人。

6月1日,天刚亮,

▲ 1924年,徐向前在黄埔军校留影

军校正式举行开学典礼。470多名学生，武装整齐，列队在黄埔岛码头，迎接校总理孙中山大元帅。在军乐队的吹打声中，孙中山和宋庆龄乘坐"江固号"军舰，从广州城沿珠江来到黄埔岛。党代表廖仲恺、中央执行委员胡汉民、汪精卫、林森、张继，外交总长伍朝枢、大元帅府军政部长程潜、粤军总司令许崇智、湘军总司令谭延闿、滇军总司令杨希闵、西路讨贼总司令刘震寰、广州市党部执行委员孙科、吴铁城等党政军要人，个个衣冠楚楚，如参加国事大典一样，来参加军校开学典礼。军校校长蒋介石更以一派标准的军人姿态，出现在众人面前。

在军校大礼堂里，孙中山作了演说。孙中山的话北方人听着吃力，广东人和一些南方人听了却津津有味。他的演讲空话少，事例和历史事实多。徐向前在队伍中听讲，他虽然还不太理解孙中山那番话的深刻含义，但他很兴奋。会场里时时响起热烈掌声，众人高呼："总理万岁！""国民党万岁！"徐向前和许多同学第一次呼喊这样的口号，心里好奇怪！从小在乡下，老人们听到小孩子打喷嚏，叫一声"百岁"，戏台上称皇帝"万岁"，这国民党怎么也称"万岁"呢？

全体学员还集合到操场，行分列式，先向党旗、校旗和总理行三鞠躬礼，然后立正列队听宣读总理训词、

国民党中央执行委员会贺词。总理训词,白话文加文言文,让人似懂非懂,许多年后,徐向前才知道那训词是这样的:

三民主义,吾党所宗,以建民国,以进大同,
咨尔多士,为民先锋,夙夜匪解,主义是从,
矢勤矢勇,必信必忠,一心一德,贯彻始终。

阅兵后,孙中山和夫人宋庆龄乘舰离去,其他党政要人在黄埔岛操场上举行野宴。由国民党中央执行委员会、广州市党部公宴黄埔军校教职员及全体学生。公室酒席并不丰盛,学生们都席地而坐,但政治气氛极浓。汪精卫祝酒致词,学生代表致答词,广州市党部执行委员孙科致词……

黄埔岛上浩大的气派和歌声笑语,把徐向前带进了一个新天地。

大元帅卫队队员

徐向前,一个黄埔军校的小学兵,不光有幸作为孙中山的学生,而且作过大元帅的卫队队员。

那是开学不多时,爆发了第二次直奉战争,段祺瑞联合张作霖,反对直系的曹锟、吴佩孚。孙中山与段祺瑞、张作霖呼应,亲自出马率领部分军队到韶关,准备北伐。徐向前所在的黄埔军校第一队,是校长蒋介石信任的一个队,于是被派出去作为孙大元帅的卫队。学生们上了大元帅的专列火车,才知道了他们跟随孙中山出征。大家都为坐上大元帅的专列自豪,在车厢里高唱军校校歌:

莘莘学生,亲爱精诚,三民主义,是我革命先声。
革命英雄,国民先锋,再接再厉,继续先烈成功。

当时号称大元帅的孙中山,手下并没有多少听他指挥的军队。这是孙中山最大的苦恼,所以他紧紧抓住黄埔军校这群学生兵。黄埔军校的学生兵,跟随孙中山来到韶关,日夜不离大元帅的行营。天气炎热,饮水困难,学生第一次野外吃住,许多人拉肚子生病。孙中山偕夫人宋庆龄到学生的住处慰问。他们爬上山头,钻进士兵们住的帐篷,和一些躺倒的士兵谈话,还送给学生们水果。那天徐向前虽然也病了,只因为病的同学多,他还是带病去上岗。

孙中山北伐的希望,像肥皂泡似的,很快破灭了。

▲ 孙中山在广州越秀楼与抗击陈炯明叛乱有功的卫队人员合影

正当他在韶关调遣部队的时候，10月10日，一个电报打破了他的梦。广州城里群众集会庆祝武昌起义13周年纪念，以陈伯廉为首的广州商团，突然发动武装叛乱。他们开枪打死打伤几十个游行的人，封锁市区，高筑炮台，四处张贴"打倒孙政府""驱逐孙文"的标语口号。后院起火，孙中山只得率兵返回广州。

黄埔军校学生参加平定商团的叛乱后，第一队又全部返回黄埔岛上。

已进入秋季了，学生军该换装了，不但军装没着落，甚至一日三餐都成了问题。军阀的手中有军队不愁没钱，他们每天灯红酒绿，孙中山和他的黄埔学生们，却在忍饥、受冻中搞革命。

黄埔军校规定学生兵不准吸烟，每月只发10个毫子的零用钱。徐向前在阜平县当学徒工时，夜里磨面瞌睡难忍，从那时叼起了小烟袋，后来烟瘾越来越大。来到黄埔军校，上边规定学生不准抽烟，发的那几个零用钱，他除了偷偷买包烟抽，省下钱都买了书报。

校舍不够，临时搭了些芦席棚，学生们睡的是吱吱响的竹子床。徐向前每天天不亮起床跑步，紧靠着珠江岸边的操场被潮水淹没了，还得在泥水中出操。军校训练文件中规定社会主义、共产主义、马克思主义的书，学生皆可阅读。《步兵操典》、《战术学》、《射击教范》、

《野外勤务》、《兵器学》、《筑城学》、《地形学》、《军制学》、《交通学》等学习都使徐向前耳目一新。

军校生活紧张、严格。3分钟起床穿好衣服、打好绑腿；5分钟上完厕所；10分钟吃完饭。一些富家子弟，面对这样紧张的军事生活，受不了，有人哭起来，有人想退学了。徐向前从小吃苦多，生活磨难，使他的性格刚强。他从早到晚少言语，只是聚精会神地默默听教官上课，认真习文练武。

蒋介石找谈话

校长蒋介石兼任长洲要塞司令官。他住在要塞司令部里,又在黄埔军校设下办公室,开始每天上下午都到军校来。他身披一件拿破仑式的黑斗篷,进军校来前边有副官开道,身后跟着4个护兵,威风凛凛,比大元帅孙中山不差几分。学生和军校教官路上遇到他,如果不立定敬礼,轻则受到训斥,重则要追究甚至给予处分。徐向前深深记得,蒋介石在开学典礼那天的讲话:"我等受中央执行委员会之款待,不自今始。汝等今日所饮之酒,不啻饮血,切勿忘记!"他还重复汪精卫的话:"无兵即无党,无党即无国。"他要求黄埔军校学生"必须以此身为本党作临阵之牺牲,方不负中央执行委员会、广州市党部诸同志之厚望"。

从5月5日军校新生入校,到6月15日正式开学,蒋介石向新生训话达10次之多。讲办军校的意义,讲他个人历史,讲革命与做人,讲军队的纪律。

蒋介石特别看重军规、军纪，把下级官兵给上级敬礼，当成军规中的大事。他曾经声色俱厉地说：不敬礼，是违犯军规！他不准学生吸烟；他不喝酒，除了宴席，也不准军校官兵饮酒。他还亲自听教官上课。有时，早晨起床号刚响，他就从长洲要塞司令部来了，闯进教官或学生宿舍巡视，如碰上睡懒觉的人，必严加究问。他若在军校吃饭，必亲自去餐厅与教官同桌。教官们必等他动筷子，才端起碗不声不响快快进食。这些多是蒋介石从日本军事教育中学来的。

军校学员，有从外国留学归来的留学生，有大学毕业、中学毕业，也有保送入校文化并不高的党团骨干。还有不少是共产党员、共青团员。不少人是有后台和靠山的，徐向前却是一个没有后台、没有靠山的普通一兵。他既不是共产主义青年团员，更不是共产党员，开学时刚集体加入了国民党，也没弄清这国民党是干什么的。尽管他学习努力，参加广州的平叛很勇敢，并没引起上级多少注意。蒋介石从学生中发现了不少人才，却没发现徐向前这个帅才。

蒋介石开始不愿意做军校校长，他一心想法子抓好枪杆子。后来他悟出治军要先治校的道理，对孙中山办好黄埔军校的要求也心领神会。因此，他对黄埔军校的教学、训练都抓得很紧，每周都找十几个学生谈话。

一次，蒋介石找徐向前谈话，结果是这样的没趣和尴尬。那是一个闷热的中午，校长蒋介石又开始找学生个别谈话。徐向前和几位同学武装整齐，排队站在校长办公室门外。一个个进去出来，出来进去，都是头上流汗，衣服透湿。有的是满面春风，有的满面通红。轮到徐向前进去了，他心里不免也有点发怵，真不知道见了这位叫人害怕的校长说什么好。

蒋介石坐在办公桌后，边看文件边接见学生。他看都没看徐向前什么模样，照例拉着长调问道：

"叫什么名？"

徐向前答："徐象谦。"

又问："你是哪里人？"

答："山西五台。"

这时候，蒋介石抬头看看面前的学生。可能五台这个名山，还有五台有位阎锡山，他才略微注目了一下眼前的学生。

蒋介石又问了一句："在家都做过什么？"

答："当过教员。"

"……"

蒋介石睁大眼睛，瞅瞅面前这个瘦弱的学生，学生规规矩矩立正站着。二人好像从不认识似的。一问一答，机械没趣。受过日本士官学校训练的蒋介石，俨然像个法官；而平时少言寡语，见到大人物更腼腆的徐向前，更不会多吐露半句令长官高兴的话。

校长见学生，是例行公事，又是想发现人才。徐向前没给蒋介石留下一个好印象。谈话草草结束了。徐向前也没闹清楚校长要做什么，想听什么。他满面流汗离开了校长的办公室。蒋介石怎么都不会料到，就是这个沉默寡言的学生，7年后，赫然成了共产党三大主力红军之一的总指挥；更想不到，他会成为新中国的元帅。

加入共产党

1926年11月底,徐向前从上海乘船来到武汉,找到了正在筹建中的中央军事政治学校武汉分校。

一年前他离开了黄埔军校,到国民第2军当过教官、团副。国民第2军作战失败后,他跑回家乡住了几天,又经过天津、上海来到这里。分校设在武昌长街著名的西湖书院。它是黄埔军校4个分校中最出名的一所学校。人称"第二黄埔"。北伐军总司令蒋介石兼任校长,教育长张治中,政治部主任邓演达,政治总教官恽代英,男生986人,女生195人。一大批共产党员、共青团员在这里学习和工作,恽代英、陈毅、施存统等先后来到这里工作或学习。这所军校继承着黄埔军校的传统,为中国革命培养着新人。后来和徐向前结成伴侣的黄杰,是女生队的入伍生。后来成为东北抗日联军女英雄的赵一曼等,都是女生队的学员。

徐向前先做学兵团的指导员,不久又被任命为校总队政治大队第一队少校队长。他经过近一年的风风雨雨,又回到革命的军校,又唱起了"以血洒花,以校作家,卧薪尝胆,努力建设中华"的黄埔校歌。他从曲折的路上走回,从苦闷、忧虑的生活中,回到欢乐的大家庭。心情愉快,话语也多了。一些山西的老乡,黄埔军校的好友,经常找上门来。共产党员李楚白,是徐向前队里的司务长。大家凑在一块,该开饭了,李楚白去办菜、打酒。徐向前觉得当官的不得多吃多占,提出下饭馆去。他薪水比别人多,大家齐声叫着:"当队长的请客!"

革命的大事,个人的前途、婚姻、三民主义、共产主义、俄国革命、军阀混战都是谈论的话题。青年人借着酒性发难,有时说着说着争论起来,面红耳赤过后,又笑声四起。

开始聚会,徐向前听得多说得少,时间长了,有位同事把话题转向他问:"现在许多人加入了CP(即共产党),你呢?"

徐向前说:"不做跨党分子。"他到黄埔军校第一次上课,就集体填表加入了国民党,觉得不该再加入另一个党。国民党员,应该为三民主义奋斗终生。他这话,立即引起争论。有的说,三民主义不如共产主义,列举出许多道理和现实;有的反驳,徐向前是激烈反对的一

个人。争论,把一顿饭闹得不欢而散。过不几天,这伙老乡、老朋友,又聚会了。还是队长请客,还是海阔天空谈论。

在此之前的好几年,徐向前从个人谋生没有目标的一个青年,走向要救国救民的道路。考入黄埔军校后,这路怎么走,中国向何处去,他朦胧不清。他曾热心研究三民主义,这次到了武昌,接触了一些共产党员之后,又开始探索共产主义,觉得也有点道理,并逐渐产生了兴趣。不懂的问题,从书报上找答案,这也许是从小在秀才门户里养成的。白天工作忙,坐不下来,夜晚抽空读书,研读布哈林的《共产主义ABC》、李季的《通俗资本论》以及一些宣传十月革命的小册子;瞿秋白、鲁迅的文章,也都找来放在床头上。

武汉军校军事生活、训练课目还没走上正轨,学生又多是新近入伍,故以政治教育为主。徐向前觉得,军人的养成,必须从严、从难训练。他经过东征,又目睹国民第2军在河北的失败,认定军队的战斗力和严明的军纪、耐劳吃苦的精神分不开。军人平时作风松松垮垮,战时定会散沙一盘;军人平时怕苦怕累,更难以忍受艰苦的战争环境。他按照黄埔军校第一期的教规,要求学生不抽烟、不饮酒、不贪睡,起床洗脸集合10分钟,吃饭5分钟。天气炎热,地面上火烫,他还率领学生拔慢步。有人晕倒,他挥挥手让人抬出操场,继续领着操练。严格的军事生活,农村来的青年和工人出身的人,倒还可以忍受,一些从小生长在城市、出学校门走进军校门的人,实在难以支持。有人闹病,有人讲怪话,骂徐向前是"玩命的山西佬"。

靠黄埔起家的北伐军总司令蒋介石,懂得"治军先治校"、"军校是建军之本"。不过由于武汉军校里共产党的力量强,他成了"空头校长",但实际上对武汉军校却依然抓得挺紧。新年刚过,1月9日他从南昌来到武汉。参加过国民政府组织的群众欢迎大会,就到两湖书院军校视察。学校师生中的"老黄埔",对老校长都怀着敬意。这次,蒋介石向大家讲话时,大摆自己北伐战争的功劳,还说了一通温情肉麻的话。说当年他去日本留学时,妈妈如何日夜想念他。他向军校学生说:"本人对你们是慈母一样的心情啊!也就像我妈妈对我一样。"有些人听了心里热乎乎的,也有的人很反感。蒋介石到军校来过两次,徐向前都没有和他对过话。蒋介石对武汉军校的这一套"权术"看来收效甚微。后来他又在南京成立了中央军事政治学校,实际上不再承认共产党掌实权的武汉军校了。

武汉军校训练、教育很紧张。徐向前要操心学员外差勤务,要常出去参加集会、宣传活动。做队长的从早

到晚不得休闲。只有到星期五、六晚上，共产党员、国民党员各自开会去了，徐向前才得清闲一些。究竟是三民主义好，还是共产主义好，这是徐向前日想夜思的大问题。以前在黄埔军校对共产主义印象不深，也没认真思考过，经过两年的曲折经历，他开始思考一个问题：谁是真正的革命党？是国民党，还是共产党？目睹国民党腐败、军阀混战、百姓受难，经过理性的思索和实际的对比，他认识到国民党不如共产党，三民主义不如共产主义。

1927年3月，正当国民党右派反共活动猖獗，国共合作面临破裂、白色恐怖笼罩大地的严峻形势，徐向前由樊炳星、杨德魁介绍，正式加入了中国共产党。从此，他投入到了民族解放的伟大事业。

寻找毛泽东

1927年4月12日,蒋介石在上海发动了反革命政变。接着原武汉国民政府独立第14师师长夏斗寅公开叛变,联合四川军阀杨森准备偷袭武汉,徐向前率队随军出征,配合叶挺的第24师两个团参加了保卫武汉的作战。这是他作为共产党员第一次领兵,战斗中,他出色地完成了任务。就在保卫武汉作战刚刚取得胜利之际,5月21日,在长沙的许克祥又发动了反革命的"马日事变"。从上海到长沙,共产党员遭到屠杀。武汉的汪精卫政府暗中与蒋介石勾结,国共分裂的局面已不可扭转。

黑暗代替了光明,革命的共产党员,成了被绞杀的囚徒。武汉三镇,一片混乱。许多共产党员、革命军人,得到党的指示,纷纷从武汉撤走。一些动摇分子,观望着,有的消沉,有的逃走了。

6月的一天,徐向前突然接到党的"交通"送给他

一张纸条，上面写着四个字："找毛泽东。"

事情就是这么突然，这么叫人不解。毛泽东，这个响亮的名字，在广州，在武汉政界和军界中，几乎没人不知，无人不晓。徐向前可从来没见过他。还在广东黄埔军校时，就听说有个毛泽东。他是共产党中的著名人物，又是国民党中央的代理宣传部长。他在广州办的《政治周报》，徐向前看过；他在广州领导的农民运动讲习所，更是出名。徐向前读过毛泽东的文章，心里敬重。"交通"给的纸条上连个地址都没有，到哪儿去找这个毛泽东呀？他在武汉？在九江？还是长沙？

在这个混乱的时刻，去找一个从不认识、没有地址的人，真比大海捞针还难！徐向前漫步街头巷尾，想再找找那个"交通"。一天，两天，三天过去了，"交通"无踪影。只打听到一个消息：革命军、警卫团都开向九江。

武汉不是久留之地，徐向前乘船奔往九江。

这时，国民革命军第二方面军司令部，正驻扎九江。在这支部队中，有不少黄埔的同学。徐向前经过同学的介绍，暂时在司令部落了脚。局势越来越紧张了，找毛泽东找不到，靠着黄埔军校生的牌子，在二方面军司令部当了参谋。

他无心做事，暗中打听毛泽东的下落。一个月过去

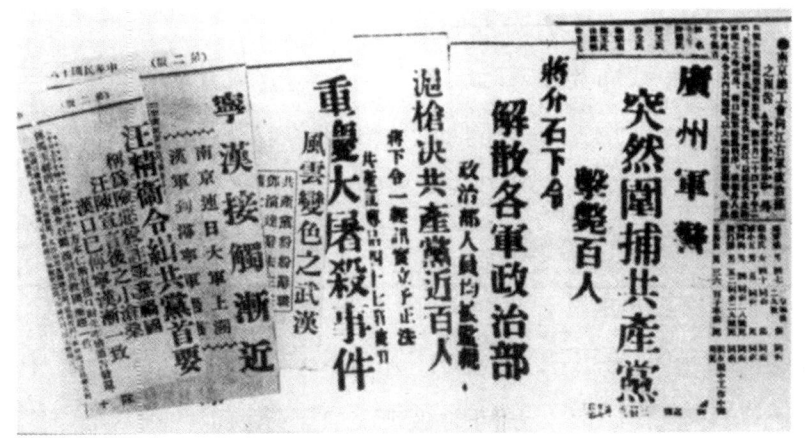

▲ 报纸上刊登的蒋介石、汪精卫逮捕屠杀群众和共产党人的报道

了,仍不知毛泽东在哪儿。想回武汉去,武汉汪精卫政府在7月15日公开叛变了,共产党人,在上海、武汉和长沙,都成了反革命追捕的对象。到处都在流血!

闷热的夜晚,难熬的白天,徐向前心里像火烧。他,一个入党不久的新党员,像失去母亲的孩子,不知该往哪里奔。8月3日,突然得到消息:共产党在南昌暴动了。周恩来、朱德、贺龙、叶挺等都在南昌。这消息,如同黑暗的天空中闪出明月,使徐向前看到了希望和光明。

八一南昌起义后,号称"革命将领"反对蒋介石反共政策的二方面军总指挥张发奎,一天夜里,突然集合军官训话。公开宣布:"共产党员三天之内保护,三天以后不负责任。"向共产党员下了最后通牒。徐向前连夜离开九江，又乘船奔向武汉去找党组织。

白色恐怖笼罩着武汉，共产党员成了被捕杀的目标，徐向前原先联系的地下"交通"已无处去找。轰轰烈烈的大革命彻底失败了。徐向前像失去妈妈的孩子，从武汉又奔往上海。

1927年9月，徐向前在上海找到党中央军委机关。此时，党中央已决定发动广州起义，那边工人赤卫队中正缺少军事骨干，徐向前被派去了广州。

参加广州起义

1927年9月下旬的一天,徐向前趁着苍茫的夜色来到了广州。在出发前,中央军委一位负责人和他谈了此行的任务:党准备在广州发动武装起义,要徐向前到广州培训工人赤卫队。

党的地下交通员带徐向前在珠江边的一间小客栈住下,几天后又搬到一个秘密地点去住。

一天,中共广东省委派人来谈,叫徐向前到工人赤卫队去,对工人进行秘密训练,接头地点在一家做秤的工厂。

在徐向前负责训练的工人赤卫队第6联队里,有修蒲扇的、缝衣服的、做沙发木器的、修秤的、打铁的……大都是手工业作坊工人。他们中许多人参加过省港工人大罢工,革命热情高,斗争坚决,但一点也不懂军事,拿枪打仗是外行。说是军事训练,没有枪,没有手榴弹,也没有练兵场。徐向前每天晚上把赤卫队员集

合到工人家，围着一张破桌子，用铅笔在纸上画如何利用有利地形、如何扔手榴弹、如何冲锋。开始时还遇上一个"障碍"，徐向前是个外乡人，不会说广东话，徐向前说话工人们不懂，工人们说话徐向前也不懂。幸好联队的党代表、一个大家都叫他"阿陈"的同志会讲些普通话，由他来当"翻译"。工人们白天干活，晚上听讲，一听就是大半夜。他们仇恨国民党反动派，迫切地要求翻身解放。

徐向前住在秤厂的工人宿舍里，几个夜晚过去，和工人们渐渐熟悉起来。工人们有的帮他做饭，有的给他送菜，老工人亲切地叫他"阿弟"，年轻人称他"阿哥"。徐向前和工人们成为好朋友，他常打着手势给大家讲工人阶级的解放、反对军阀的统治、反对封建势力。

12月10日傍晚，革命军事委员会宣布起义计划，起义时间决定在11日凌晨三时半，参加起义的军人、工人赤卫队员一律在颈上佩戴红布条。这次起义的领导人有张太雷、叶挺、叶剑英等，参加起义的主要有国民革命军第4军叶剑英领导的教导团、警卫团和广东工人赤卫队7个联队，还有市区的部分农民武装。

徐向前和阿陈接受了任务，一路小跑回到了集结点。他们紧张地策划着队伍的整编、任务的分配。起义的时间越来越近了，指挥部发的武器还没有送到，同志们焦急地等待着。

一位参加过香港大罢工的老工人轻轻地敲着桌子打破了沉寂说："弟兄们！闹革命不是吃现成饭。领不来武器，我们可以夺敌人的枪！"

"对！这位同志说得对。"党代表挥着拳头说："我们工人阶级，从来就靠这两只手。没有枪，拿菜刀、铁尺、棍子！"

"我们要夺取敌人的武器来武装自己！"工人们个个摩拳擦掌。

徐向前正在和大家一起研究巷战，一位提着菜篮子的年轻女同志进来，脸庞遮得严严实实，只露出一双眼睛。她一声不响地把篮子放在桌上。党代表猛地站起来，高兴地说："武器来了！"女同志掀掉盖在上面的菜，露出藏在里面的两支手枪、几个手榴弹。武器不多，但工人们有思想准备，只有一个同志问了一句："还能多给点吗？"

"没有了！"女同志说，"起义以后要多少有多少。"说完就走了。

"有两支枪就不少。"党代表满怀信心地说。接着把手榴弹分给几个有经验的工人。

作为一个军事指挥官，徐向前懂得战场上是勇气和

兵器的较量。在兵器远远不如对方的情况下，勇气和智慧就成了决定成败的因素。他抓紧起义前的政治教育和军事训练。

凌晨，起义按时发动，清脆的枪声在羊城的上空响起。徐向前按照预定的攻击目标，率领赤卫队第6联队冲进警察局，把睡梦中的一个班全部缴械，工人们丢掉手中的木棍、铁尺、菜刀，抓起钢枪，跟着徐向前冲向又一个进攻目标。

天亮时，广州绝大部分地区均被起义部队占领。起义军改称工农红军，广州苏维埃政府成立了。

蒋介石得悉广州发动起义，急电广东各派军阀"捐弃前嫌扫平共乱"。反动军阀与帝国主义勾结在一起，开始反扑。枪声刚刚平息的羊城又展开一场革命与反革命的殊死决战。

观音山（现越秀山）是交战要地。国民党新编第2师薛岳部在帝国主义的炮舰掩护下，一次次向观音山进攻。12月12日中午，徐向前率队来到观音山增援教导团作战。赤卫队员们和教导团的战士们一起坚守阵地、搬运弹药，奋勇杀敌，前仆后继。

徐向前正在前面指挥队伍，忽然传来一声呼喊："党代表负伤快不行了！"

徐向前急步跑到党代表身边，生命垂危的党代表紧紧抓住徐向前的手,断断续续地说:"我不行了,你们继续战斗吧!守……守住……阵地……"党代表说完不一会儿就闭上了眼睛。他只有 25 岁。徐向前永远忘不了那个热情、朴实、精干,在工人中有很高威信的党代表"阿陈"。

起义部队和工人赤卫队与敌人浴血奋战了三个昼夜,终因敌我力量悬殊而失败。起义领导人张太雷、周文雍和许多指战员壮烈牺牲。观音山失守后,部队被打散了,徐向前随起义部队撤出了广州。

在东江打游击

广州起义失败了,一部分起义军撤到广州城北花县。这里是太平天国农民革命领袖洪秀全的故乡。1927年12月16日,起义部队一些领导骨干在县立第一小学举行了紧急会议,徐向前作为赤卫队的领导人之一参加了会议。会上首先讨论了队伍整编问题,提出将从广州撤出的1400多人改编为1个师。

编为1个师,大家都同意。称几师呢?大家数来数去,第4师的番号就变成自己的了。于是,经过民主推选,叶镛为师长,袁裕(国平)为党代表,唐澍为师党委书记,王侃予为政治部主任。全师下属三个团:10团、11团、12团。

徐向前被推任为红4师第10团党代表。

花县一带的地主豪绅,趁机兴风作浪,驱使民团,每天围攻红4师,呼叫着,放冷枪,闹得红4师日夜不安。派出部队去打,他们跑了,过一会儿又转回来,部队人心惶惶,吃饭、睡觉都不得安宁。徐向前向叶镛师长说:"讨嫌的民团,非要狠狠教训它一下不可。"叶镛便叫徐向前带部队去打。

徐向前带领一个连,出了花县城。正巧,一群民团又围攻上来,徐向前向战士们说:"追!对付这群东西,要像打狗一样,一步不退,猛追!"说罢,带头冲向前去。民团惊慌而逃,徐向前率领战士一直追到城郊象山脚下。在这里,徐向前和程子华相遇了。他俩曾在武汉军校同事。徐向前和程子华虽有一面之识,事过两年,已认不出来了,程子华却记得这位队长。见面叙说之后,程子华说:"民团太讨嫌,像疯狗一样,比正规部队都难打。"徐向前说:"你就用打狗的办法打它!"

大家以为这位党代表说玩笑话。徐向前却又认真地解释说:"你们在乡下,没见过讨饭的人打狗吗?有的人拿个棍,边打边退,那狗总是追咬不放。也有的人举着棍子,迎上去,追着狗打,狗就逃跑了。"一番"打狗"的通俗比喻,把战士们说开了窍。

傍晚,民团又来进攻,红军战士穷追猛打,终于把疯狗似的民团治服了。两天过后,当红军从花县出发,沿着去从化、龙门到紫金的山路行军时,一些村庄的民团,不但不敢再扰乱,还在村边插上木牌,写着"欢迎来境,欢迎过境"的大字。从此在红4师许多人中传颂

开国元帅 徐向前

着徐向前的"打狗战术"。

国民党反动派在广州城大搜捕，大屠杀，三天就杀害了7000多人。显然花县也不是红军久留之地，他们听说东江海陆丰地区有个红2师，是南昌起义部队保留下的。于是，红4师奔向东江。

在开进的路上，徐向前被调到师部任参谋长。师长叶镛是黄埔第三期学生，曾在第4军教导团当过营长。他指挥3个团很需要一个得力的助手。徐向前从黄埔军校以来，多次参加过作战，又在国民二军做过团副和参谋，协助叶师长一路上攻打民团，顺利前进，并智取紫金城。

紫金，是罗浮山脉东侧的一个小县城。国民革命军两次东征，紫金的人民都起来参战。周恩来和彭湃都曾到过紫金。

1923年春，这里办过农会，蒋介石"四·一二"反革命政变后，紫金的革命群众在共产党的领导下，曾举行过"四·二六"大暴动，攻克了县城，活捉了伪县长郭民发。因此，在国民党反动派眼里，紫金是一个危险的地方。县长邱国忠，原是国民党军队的少将。

参加过南昌起义的一支部队经过汕头西进紫金县境后，邱国忠惊恐万状，多次向广州求援。徐向前率领红4师第10团，先头进入紫金县城附近的黄花村时，邱

▲ 东江工农红军之一部

国忠误认为广州的援兵来了,便派人出城联络。徐向前将计就计,冒充是从广州来的"援兵",派人请邱国忠出城迎接。邱国忠不知是计,天刚亮,率领县政府17个头目,迎出城来。红军不放一枪,把他们全部活捉,占领了紫金城。接着,又把邱国忠反手绑上马,给他披件大衣,由他领路奔向龙窝,又将那里的一部分反动武装消灭。

1928年初,徐向前随红4师抵达海丰县城。

海丰县是东江革命根据地的首府。徐向前参加第一次东征作战曾到过这里。海丰,南临大海,背靠莲花山,是彭湃的出生地。1924年至1927年,彭湃先后在海丰发动和领导过多次农民斗争和起义。海丰的苏维埃政权，是在中国共产党领导下诞生最早的一个革命政权。徐向前对彭湃和海陆丰地区人民的革命精神十分赞扬。在《奔向海陆丰》一文中，他写道："群众热情很高，到处红旗招展。各村庄的墙壁上，写着'打倒土豪劣绅，实行土地革命'的红字标语。群众听说我们是从广州下来的红军，热情万分，家家让房子，烧水做饭。虽然语言不通，但人们打着手势表示对红军的热爱。"

在海丰城里的红场上，举行了几万人的群众大会，欢迎红4师。在彭湃的统一指挥下，红军横扫了海丰、陆丰、惠来、紫金、普宁等十几个县境的反动武装。徐向前协助叶镛在两个月之中，先后作战20多次。在攻城战、山地战、伏击战中，徐向前锻炼了指挥才能。

4月初，在一次和民团的遭遇战中，徐向前腿部受伤，转移到普宁县的三坑山区养伤。不久，彭湃和东江特委的领导人也到了三坑。5月初，东江特委在播南山一个村庄，召开了有红2师、红4师领导干部参加的联席会议。会议对当时的形势与行动方向产生了分歧。当时的形势已十分危急，红军处境越来越不利，有的领导人却认为东江形势大好，高谈"迎接革命高潮"和"反攻"。徐向前和叶镛师长多次交谈过，他们共同认为不应当再攻城夺镇，应把这1000多人的主力拉向粤赣边，

那边回旋余地大，便于机动开展游击战争。联席会否定了徐向前的正确主张。会议决定红军西进，攻打海丰城。5月中，红军进攻海丰失利，又退回山区。

红4师的处境一天天艰难，村庄被敌人占领，要道被敌人封锁，最后退进深山。房屋没有，只得在山里搭草棚，粮断了，只好挖野菜充饥。山芋、野果、黄狗头（中草药）也成了食物。天气渐冷，身为参谋长的徐向前，还穿着一条单裤，负责管军需的女干部彭镜秋，看见他没有一条换洗的裤子，就向女战友动员，要大家献出一条多余裤子。裤子找到了一条，可是徐向前身材高大，又是女人的衣服，他怎么能穿呢？没有办法，彭镜秋找了一块黑布，对徐向前说："就拿这块布，给你做条裤子吧！"徐向前摇摇手说："不用了，不用了，你看看哪个同志没有穿的给他吧。"彭镜秋说："你是指挥，连条替换的裤子都没有，这怎么行？"徐向前笑笑说："大家都一样，你没看见，老百姓家十几岁的娃娃还光着屁股呀！"

下雨天，战士们找个地方躲雨，徐向前打着把雨伞，这里走走，那里看看，关心战士的吃穿，裤子湿了没得换的，就穿在身上晒，用身体渐渐暖干。

六月，叶镛因病倒在白木杨山后被俘，英勇就义。从此红4师指挥的重任，落在徐向前一个人肩上。他继

任师长，率领剩下的 200 多人，在莲花山地区几乎全靠吃野菜和野果度生。

敌人的搜剿一天天加紧。弱小的红军，只有损伤，没有补充。伤的伤，病的病，死的死，逃的逃，最后徐向前身边只剩下了几十人。

1929 年 1 月，广东省委和东江特委为保存革命骨干，决定把红军剩余人员分批撤出莲花山地区。于是，徐向前在地下党周密安排下，化装经惠州、樟木头到达九龙。在这里，徐向前才有机会看到党的"六大"决议，静心思考了许多问题。特别是联系到大革命失败后自己的亲身经历和见闻，使他进一步认识到，无产阶级的军事斗争，离不开正确的政治路线和策略的指导，否则一事无成。

走进大别山

1929年5月,徐向前从九龙来到上海,与党中央接关系,接受新的任务。一天,交通员给化名"余立人"的徐向前带来了消息:中央军委负责同志要找他谈话,并约定了时间、地点和接头暗号。

第二天上午,一个身穿长衫的"商人"来到徐向前住的地方。按照规定的暗号他们接上了头。来人问了徐向前的个人经历和在东江游击战的情况以后,对徐向前说,鄂东北有一块根据地,基础不错,那里派何玉琳同志来要军事干部,军委决定派你和桂步蟾去,你有意见没有。徐向前说:"没有意见,服从组织决定。"那人告诉徐向前:"具体工作到那边再说,你准备一下,跟何玉琳他们早点动身。"谈话不到一个小时,"商人"就急匆匆地走了。

6月初,徐向前与何玉琳、桂步蟾一起,化装成商人,从上海乘船抵武汉,又转乘汽车经黄陂到靠山店附

近下车,沿着山间小路,进入鄂东北根据地。

革命根据地到处是一派生机勃勃景象。6月是收麦子的季节,男女老少都在忙碌着。认识何玉琳的人很多,见徐向前、桂步蟾和何玉琳走在一起,知道是自己人,也亲切地同他们打招呼。

在箭厂河,特委书记徐朋人接见了他们。徐朋人说:"特委已决定派你们到红31师去工作。"徐朋人详细地介绍了根据地的情况,说根据地不大,但已初具规模,在湖北与河南省的边界,纵80里横130里,边缘地带常和敌人拉锯。党的工作已经展开,群众的革命热情很高。

徐朋人告诉他们,红31师师长吴光浩,在不久前一次战斗中牺牲了。吴光浩是这支红军的创建人之一,领导过鄂南武装起义、黄麻起义,在当地军民中享有很高威信。因为担心会影响部队和群众的情绪,特委决定暂时不宣布吴光浩牺牲的消息。

徐朋人对徐向前说:"吴光浩同志牺牲的消息,特委还没有向部队和群众宣布。你到31师,名义上是副师长,要担负起全师的军事领导工作。"

徐向前到红31师不久,6月底,赶上了"罗李会剿"。广西军阀罗霖率独立第4师两个团3000多人,和河南土匪武装李克邦暂编第2旅1个营,另加反动

民团红枪会1600多人,南北夹击,妄图把红31师一举消灭掉。敌人来势汹汹,徐向前只好"避强击弱",率领着一部分红军和敌人兜圈子;同时,发动群众和各区自卫队日夜袭扰敌人,使敌人大部队天天扑空,夜夜受惊。徐向前选准敌人弱点,连着进行了5次战斗,每一次都把敌人打得措手不及,终于把"罗李会剿"彻底粉碎了。红31师打了漂亮仗以后,战士们才得知,吴光浩师长早在一个月前就牺牲了,他们有了位新师长。

"新官上任三把火"。徐向前到大别山施展军事才干的"头一把火",烧毁了"罗李会剿"。战士高兴,群众称快,欢天喜地庆祝胜利夺麦收。徐向前和战士们一块下地,帮助百姓割麦。人们听说徐司令是从大地方来的,黄埔军官学校毕业,认定他会写会算,会带兵打仗,只怕不会干庄稼活。哪知这位新长官,拿起镰刀,腰一猫,刷刷几下,一大把秆就捆起来了。他一边挥镰割麦,一边说说笑笑,动作像老农一样熟练。党代表戴克敏更加从心里对新司令敬重起来。他在一次会上说:"革命军人要能文能武,能工能民,像我们徐师长一样!"

麦收刚过不几天,8月中旬,蒋介石命令刘峙亲自出马,组织湖北、河南两省的军队,发起了"鄂豫会

剿"。这位刘将军，曾是黄埔军校的少校战术教官，徐向前该称他"老师"。他不但教徐向前等入伍生学战术，还和徐向前等一块东征打过仗。此人是纯而又纯的"黄埔系"，蒋介石的亲信，任过团长、师长、军长，是战功赫赫的名将。他参加过北伐战争，率军攻打过武昌城、南昌城。1928年1月蒋介石复任国民革命军总司令后，刘峙被任命为第1集团军第1军团总指挥兼第1军军长。北伐战争结束后，国民革命军缩编，第1军编为陆军第1师，刘峙为师长，并兼任徐（州）海（州）"剿共司令"。这位黄埔的老教官，此时还不曾想到，他当年的学生徐象谦跑来大别山，成了他的对手。在刘峙统一指挥下，夏斗寅的第13师从鄂西奔鄂东，李克邦部和河南的民团顾敬之部由北向南堵击，皖西的第56师由东而西行动，四面包围，分进合击。

　　徐向前面对他"老师"的"高招"，采取了"与敌周旋，避强击弱"的作战方针，率领部队在内线打转转，把敌人搞得不知东南西北，摸不透红军虚实，整天疲于奔命，跟着红军转圈圈。在刘峙的指挥部里就看到一份报告有这样的一些话："红旗红枪弥山皆是，人声、枪声彻夜不绝……军队每到一处，宿营无地，问路无人……"

　　徐向前和他那支小红军，在人民群众的海洋中游动了两个多月,把敌人从肥拖瘦,从瘦拖病,从病拖垮,最后刘峙只得草草收兵。所谓的"鄂豫会剿"就此结束。这是徐向前这个学生第一次打败老师刘峙。

开国元帅 **徐向前**

提出游击战七条原则

10月,敌徐源泉部48师、夏斗寅部13师两面夹攻,被称为"徐夏会剿"又来了,企图消灭红军于天台山区。徐向前率红军日夜奔走,趁敌一个空隙,跳出包围。然后兵分三路向外出击,在长岭岗、柿子树店、姚家集、河口镇等地先后消灭和击溃敌4个民团,缴枪100多支。红军声威大震,驻黄坡六指店的国民党正规军1个连投降红军。

红军在粉碎敌人三次会剿作战中,迅速壮大了自己的队伍,从4个大队不足300人扩大为5个大队700多人,在11月召开的鄂豫边第一次党代表大会上,徐向前被推选为鄂豫边特委委员;在12月举行的第一次工农兵代表大会上,徐向前又被选为革命委员会军委员会主席。徐向前回顾初到大别山的那些日子,说:"我那时能够站得住脚,很重要的一条,就是能带着部队打仗。我在黄埔军校,学了些军事知识,在海陆丰作战,积累了一些游击战的经验,有用处,带着大家打游击,不断取得胜利,没吃过大亏。另一条,脚踏实地、埋头苦干,不指手画脚,评头品足。"

怎么带兵,怎么打仗,这是摆在徐向前面前的一大难题。从黄埔军校入伍5年来,他参加过许多次作战,失败多于胜利,特别是广州起义与东江游击战争的结局,教训极为沉痛。他来到大别山区之后,终日思索,经常找人交谈,注意探听各地游击战争的情况,认真总结游击战术的经验。他认定游击战是弱小的红军保存自己、发展壮大的法宝。可是游击战术又不是想走就走,想打就打呀,应该有几条原则。于是他经过和戴克敏、曹学楷共同研究,提出以下七条原则:

一、集中作战,分散游击;

二、红军作战尽量号召群众参加;

三、敌情不明,不与作战;

四、敌进我退,敌退我进;

五、对敌采取跑圈的形式;

六、对远距离的敌人,先动员群众扰乱敌人,再采取突击的方式;

七、敌人如有坚固的防御工事,不与作战。

这七条游击战术的原则,写入了1929年底鄂豫边党代表大会《军事问题决议案》。它深受红军指战员的

欢迎。大家都说，这七条太好了，以前吃亏，打败仗，就是因为盲目乱打瞎闯，今后打仗、走路有了章规。历史越来越证明：红军初创时期，在山沟沟游击环境，能提出这些原则，确是一种创造。它是徐向前军事思想发展的第一个丰碑，也是他参加广州起义以来军事斗争经验的总结。

大别山的红军，在党的领导和七条战术原则指导下，迅猛地发展。1930年初，红军扩大为3个师，正式编为红1军。许继慎任军长，徐向前任副军长兼1师师长。全军共2000多人。

红1军3个师，从6月到8月三个月，共消灭敌人7000多，自身扩大到5000多人。此后不久，红1军和红15军合编为红4军，徐向前任参谋长。在此期间，他参加指挥了攻新集城作战，采用坑道作业，棺材装黑色炸药的爆破法，炸开城墙，歼敌1000多人。他参加指挥了双桥镇战斗，全歼敌3师，活捉师长岳维峻，粉碎了敌人第一次大规模的"围剿"。

活捉老上司

1930年10月，蒋介石纠集10万兵力"围剿"鄂豫皖革命根据地，妄图用"分进合击"的战术，消灭红军部队。根据地军民联合抗敌，一连打了几个大胜仗，消灭了敌军5000余人。蒋介石不甘心失败，调集重兵重新进攻，企图南北夹击鄂豫皖的红4军。

1931年3月8日，敌"围剿"部队34师岳维峻部突进至离红军主力部队仅50里的双桥镇。

一天夜晚，在红4军指挥部里，军部的领导在研究作战计划，已任红4军参谋长的徐向前对着地图分析敌情。他说："敌人这次兵力虽多，共有4个师2个旅，但互不统属，各怀鬼胎。据获得的情报，目前北路敌人仍在信阳、罗山一线徘徊，31师也滞留广水附近，只有岳维峻的34师孤军北进，今天黄昏已到达双桥镇。这股敌人，沿途不断遭到我地方武装的袭扰，十分疲劳……"徐向前认为打这部分敌人是有把握的。并说双

桥镇四面环山,地形条件有利于隐蔽行动,又有当地群众和地方武装的配合,我们是"以近待远,以逸待劳",迅速实施包围分割,有可能打一个歼灭战。

军长旷继勋、政委余笃三一致同意徐向前的意见,于是决定留32团监视北路敌人,集中5个团向南奔袭双桥镇之敌。

红军部队连夜冒雨向双桥镇挺进。雨停时,天就要亮了,红军已经按计划形成包围态势,等待拂晓的来临。

9日拂晓,指挥部下达攻击命令。部队从西北、东南方向突破敌外围阵地。敌人遭到突然攻击后,仓皇组织反攻,岳维峻亲自督战,武汉行营还派出飞机配合。战斗激烈紧张,军参谋长徐向前同军长旷继勋站在山头上观察战场情况变化、指挥战斗。子弹"嗖嗖"在他们头上飞过,警卫员急得直叫,要他们赶快隐蔽一下,他们依然一动不动地站在那里。

上午10时,全面进攻的时刻到了,迂回部队从东南、西北方向抄敌侧背,配合正面猛攻,敌34师陷入四面包围之中。游击队和周围40里的乡亲们在地方党的组织下,拿着土枪、大刀、长矛前来参战,布满了各个山头,呐喊声直冲云霄。岳维峻着了慌,带着两团人出镇,企图仗着飞机、大炮的掩护,打开缺口向南逃

▲ 1931年11月,鄂豫皖苏区的红军合编为红四方面军。图为红四方面军一部

窜。红军同敌人展开了激烈的搏斗,勇猛顽强地击退敌人一次次的进攻,干部带头冲锋、肉搏。10师师长蔡申熙胳膊负伤,仍然坚持指挥战斗。中午,敌军疲惫不堪。红军预备队受命出击,对敌猛烈穿插,直扑双桥镇内,打进了敌人的指挥部。敌人胆战心惊,纷纷缴械投降。战斗在下午1时结束,敌34师全部覆灭。我军歼敌上千人,俘敌5000余人,缴枪6000余支,山炮4门,迫击炮10多门,活抓岳维峻。

岳维峻是个老牌的陕西军阀,当过冯玉祥的河南省督办。1925年岳维峻任国民军第2军军长时,徐向前所在的第 6 混成旅直接归属岳维峻指挥。当他得知眼前这个红军参谋长徐向前，曾是他的老部下时，长叹一声："蒙多多关照，只要不杀我，我答应你们提出的一切条件。"

　　双桥镇大捷，大壮红军声威，宣告了敌人第一次"围剿"的破产。在鄂豫皖根据地的军民间，一个故事开始流传："徐向前活捉老上司。"

接连指挥四个战役

1931年11月7日，红军第4方面军宣告成立，徐向前任总指挥。两年之内，他指挥的部队，从几百人发展到3万人；从小规模的游击战，发展到较大规模的运动战。"围点打援"、"诱敌深入"，有攻有防，有野外战，也有城市攻坚战。

红四方面军胜利粉碎敌人一、二次"围剿"后，1931年秋，蒋介石亲自坐镇武汉，又开始部署对鄂豫皖苏区的第三次"围剿"。新任总指挥不久的徐向前面临着一场严峻的考验。他没等敌人调动好部队，就以"先发制人"的进攻策略，指挥红军发动了黄安、商潢、苏家埠、潢光四个战役。

第一个战役在黄安。多年来，敌人一直把黄安作为一个重要据点，由国民党军第69师两个旅4个团防守，另有4个师在麻城、宋埠、黄陂、孝感驻守。方面军总指挥决定采取"围点打援"的战法，先扫清黄安外围，

切断守敌与宋埠、黄陂的交通线，然后包围黄安，吸引援敌。部队按预定计划展开后，徐向前亲自到最前线指挥作战。当时的手枪连连长秦基伟，在《故乡的战斗》中，生动地叙述了这次作战和徐向前在前线指挥作战的情景：

"1931年11月，红四方面军又以主力3个师，包围了黄安城……"

"我军经过10多天的穿插、分割的外围战斗，敌人城外的整个防御体系，已被彻底打乱。""敌曾两次前来增援，都被我军击退……"

"一天拂晓，敌人集中全部的兵力，趁我一个前卫排一时的疏忽，突破了我军阵地……"

"情况非常紧急……我们连刚跑出村庄，便远远看到徐向前总指挥带着几位参谋和警卫人员，骑着马，向着枪声响得最密的一个山头飞跑。我们连经常跟随徐总指挥活动，因此不论干部和战士，都非常熟悉总指挥。特别在战斗中，我们都摸到了一个规律：哪里的战斗任务最艰巨，哪里的情况最危急，徐总指挥就出现在哪里……"

"我们一口气跑到打援部队的最后一个山峰背后……唯有总指挥一个人，站在山顶上几棵马尾松下，用望远镜向前望。敌人的子弹，在他身边'嗖嗖'地叫,打在马尾松上,飞到他脚边,掀起一股股尘土。总指挥这种在紧急情况下仍从容不迫地进行指挥的情形,我们看到过无数次了。"

"……忽然,总指挥身子向右一侧,右胳膊上流出了鲜血。我马上跑过去,总指挥看我想去照顾他,左手向山下指,高声向我喊着:'坚决把敌人压下去!'……"

徐向前就是这样以从容不迫的风度,灵活多变的战术,指挥红军围困黄安43天,最后一举攻破。黄安战役共歼敌1.5万余人,俘敌师长赵冠英以下近万人。就在黄安战役中,徐向前还指挥一年前得到的敌人一架飞机——命名为《列宁号》,向黄安城里投炸弹撒传单。因此,人们说:徐向前是红军中第一位"指挥空军"的指挥员。

黄安大捷之后,徐向前率部挥戈北上,直逼潢川城下,开始了第二个战役。我军冒着漫天大雪,踏着遍地泥泞,正面冲击,侧翼包抄,打得敌人丢盔弃甲,纷纷北逃,2000多人当了俘虏,我军不战而收复商城。

第三个战役是苏家埠战役。苏家埠是安徽西部一个大镇。正当徐向前指挥红军在河南境内围攻固始之际,敌46师占领了苏家埠、青山镇一带,准备向红军发动攻势。徐向前不等敌人围攻上来,提出继续采取

"围点打援"的战法,把敌人分割包围在几个点上,吸引援兵,在运动中歼其一部,然后再吃掉"点"上的敌人。这一方案得到方面军领导人一致同意后,徐向前率红军立即出皖西,日夜兼程东进。3月22日渡过淠河,几经穿插作战,将敌46师等部6000多人包围于苏家埠、青山镇、韩摆渡几个据点。安徽省政府主席陈调元频频向蒋介石告急、求援。4月下旬,蒋介石委令"皖西剿共总指挥"厉式鼎率3个师共15团约2万多人,从合肥等地出动,分两路增援苏家埠方向。敌人援兵来了这么多,这是未料到的,于是红军总指挥部领导人中发生了意见分歧。徐向前在《历史的回顾》中写道:"敌人来了那么多,打不打,是个难下决心的事。如果打不垮他们,附近只有韩摆渡一个渡口,又逢河水猛涨,我军没有退路,弄不好要压下得河'放鸭子'。打仗要想困难的一面,不能只想胜利的一面,把不利条件,有利条件,败的可能性,胜的可能性,通通估计清楚,才好下决心。敌众我寡,背水作战,决心不大好下。这个时候,张国焘不想打了。陈昌浩支持我的意见,打!"

徐向前决心坚定,硬是要打,又有政委陈昌浩的支持,张国焘只好同意打下去。5月2日,红军在苏家埠以东之戚家桥地区,给敌援军以突然打击。出敌不意,趁敌疲惫,又值天降大雨,河水暴涨,援敌一败涂地。

敌军总指挥厉式鼎在溃败中被活捉。5月8日，困守苏家埠、韩摆渡之敌，在外无救兵、内无粮草的处境下，在红军强大的军事压力和政治攻势中，向红军投降了。历时48天的苏家埠战役，就此结束，共歼敌3万人。中华苏维埃临时中央政府5月23日特致电徐向前等红军领导人祝贺，说这次大捷"给予全国反帝国主义反国民党的革命运动无限的兴奋"。这次大捷，在红军战争史上写下了光辉的一页，这也是徐向前卓越的军事指挥艺术的一个例证。

第四个是潢川、光山战役。这次战役，仅仅5天，从6月12日开始，到16日结束。徐向前指挥红军3个师在光山以北、潢川以南的璞塔集、彭店、双柳树、仁和集等地区，以分割包围、机动作战的战法，歼敌正规部队8个团和反动民团近万人。

四大战役的胜利，使蒋介石准备向鄂豫皖红军发动的第三次"围剿"彻底破产。红军在作战中发展到4.5万多人，根据地扩大到4万余平方公里，人口达350多万。这是鄂豫皖革命斗争发展的极盛时期，也是徐向前军事指挥艺术发展的一个高峰。

建立川陕根据地

鄂豫皖根据地红军力量的壮大和发展，引起国民党阵营的极大恐慌。1932年夏，蒋介石又发动了对鄂豫皖根据地的第四次"围剿"，并出任鄂豫皖三省"剿匪"总司令，调集30万余兵力，妄图荡平根据地，消灭我红四方面军。而当时根据地最高负责人张国焘，却被已经取得的胜利冲昏了头脑，盲目轻敌，拒绝徐向前休整部队、准备反"围剿"的正确建议，命令红军去打麻城，威逼武汉。以致在8月敌人的总攻开始后，红军仓促应战，经两个月的苦战仍无法扭转被动局面。

1932年10月，徐向前率红军主力2万余人，离开鄂豫皖革命根据地开始西征。在西征途中，敌人重兵前堵后追，红四方面军一无根据地作依托，二无群众掩护和支援，三缺粮食衣被充饥御寒，四缺兵员补充和休整机会，打了走，走了打，疲惫、被动、危险不堪。其间的枣阳、新集之战，漫川关之战，彷徨镇之战，都是在突遭敌重点包围的险境中，依靠全军将士奋力苦战，杀出一条血路而后生。

尤其是漫川关之战，红四方面军被敌压在一条10余里长的峡谷中，两面是悬崖绝壁，出口被敌火力封锁，情势十分危急。当时，张国焘慌了手脚，要让部队化整为零，分散突围，就地游击。面对这种情况，徐向前沉着冷静，果断决策，力主集中兵力突围，指挥部队猛攻敌阵，终于从敌军接合部打开一个缺口，夜翻野狐岭，抢占竹林关，才脱离了险境。

红四方面军指战员忍饥熬寒，转战两个月，突重围、跨秦岭，涉汉水，越巴山，兵分3路进入四川，占领通（江）、南（江）、巴（中）3县，终于使敌人所谓红军"不死于炮火，即死于冻饿"的梦想破灭。从此，开始了创建川陕革命根据地的新时期。

红四方面军进入川北后，实施战略展开，击退敌人反扑，实行土地革命，发动群众，建党建政，很快打开了局面，站稳了脚跟。当时，通南巴群众的一首山歌唱道："红军同志来远方，半夜三更出太阳。一打虎，二打狼，穷人掌印坐天堂。这场喜事是谁办？巴山来了徐向前。"充分表达了人民群众对红军的欢迎感激之情。

1933年2月，军阀田颂尧趁红军立足未稳，令孙震率38个团共6万多人，分左中右三路向红军发起围

攻。徐向前和方面军其他领导人根据川北山高谷深，路少隘险，易守难攻等地形特点，采取不同于鄂豫皖时期"飘忽歼敌"的反"围剿"战法，而是用收紧阵地、节节抗击、待机反攻、重点突破的作战方针，先以少许兵力，卡住山险隘路峡谷，诱敌深入，使敌兵力分散，疲惫倦怠攻势衰竭时，突然反攻，重点突破。从2月至6月，历时4个月激战，胜利粉碎了敌人的三路围攻，取得了歼敌2.4万余人的战果，极大振奋了群众，为进一步巩固和发展根据地奠定了基础。

粉碎敌人六路围攻

1933年11月,红四方面军在粉碎田颂尧的三路围攻后,开始大规模扩红和开展练兵运动。接着,又跳出外线作战,三战三捷,部队扩展到5个军8万余人,地方武装9万余人,根据地面积达4.2万平方公里。日益壮大的红四方面军威震全川。

四川各路军阀感到他们的统治利益受到严重威胁,如坐针毡,决定联合起来,一致对付红军。这一次是刚刚在成都一带的军阀混战中打胜了的刘湘出任四川"剿匪"总司令。蒋介石限令三个月内将徐向前指挥的红军"肃清"。刘湘集中全川各部兵力25万,兵分6路,三面合围,铺天盖地,凶猛地扑向川陕根据地。

红四方面军没有被来势汹汹的敌人吓倒。徐向前回忆说:"我们一面令前线部队抗击敌人,一面在通江开会研究对策。办法有两条:一条是积极防御,诱敌深入,和反三路围攻一样,收紧阵地,节节抗击,待机

反攻，重点突破。一条是广泛发动群众，党政军民总动员，一切为了战争的胜利。"最后决定将战场分为东西两线，总指挥徐向前出任东线前敌指挥，副总指挥兼31军军长王树声、30军政委李先念共同指挥西线作战。徐向前面对的敌人是敌主力刘湘的精锐部队。8万红军和大量地方武装构成了宽正面、有重点、大纵深、多梯次的防御体系，党政军民万众一心，共同抗敌。李先念后来说："向前具有惊人的军事胆略，从不知恐惧为何物。越是大仗、硬仗、恶仗来临，他越是生龙活虎，精神百倍，指挥靠前，从容镇定。他知己知彼，有谋有断，善于审时度势，驾驭战机，灵活制敌，以少胜多。他有一股超凡的硬劲、狠劲，不论面对多么凶恶的敌人，都敢于咬住不放，反复较量，以己之长，攻敌之短，不制敌于死命，决不罢休。"

徐向前根据各部队特点，调兵遣将。在平时和战时，徐向前注重发现各部队的特点，进行训练，培养出一批各具进攻、防御、夜战、追击等战术特长的"拳头"师团。在战斗中，各部队充分发挥特长，往往一个团可顶几个团用，一个师顶几个师用，守如礁立，攻如河决。

夜袭是红军的拿手好戏。每当太阳落山，攻势停顿，那些一支步枪、一支烟枪的川军官兵便拿起烟枪，横躺竖卧,在一起过大烟瘾。这时候,红军就派出小股部队隐蔽接近敌人,突然发起进击,像神兵天降一般杀进敌营。各部队和地方武装也分别组织小分队,四处击敌扰敌,弄得敌人风声鹤唳,胆战心惊,疲惫不堪。

敌人的三期总攻失败之后,刘湘部孤注一掷,在东线拿出了他的全部精锐投入战场,重点要夺取万源,妄图把红军消灭在通江以北地区。此时,红四方面军已退守到根据地后部,如万源失守,则意味着红军被压出川北。红四方面军领导在万源前线召开紧急军事会议,决定在万源实施决战防御,把前沿阵地变成埋葬敌人的坟场,熬垮刘湘的精锐之师。然后准备力量,适时转入反攻。

1934年7月中旬,一场殊死大战在万源展开。敌人以人海战术,连日从东南西三个方面进攻屏障万源的大面山、玄祖殿、甄子坪、花萼山、孔家山等红军阵地。疯狂的敌人,借着强大的炮火、新式的武器、充足的弹药、抽足大烟后的"烟劲"爬坡冲锋,更有要钱不要命的亡命徒,为了领取赏金、烟土,手持短枪,光着膀子,嚎叫着狂冲猛打。

红军战士则发扬"以一当十,以十当百"的大无畏精神,勇敢顽强,坚守阵地。阵地依据山势自下而上筑有道道堑壕盖沟,设下层层竹篱、鹿砦、木城,并准备

了大量的滚石檑木。当敌人接近阵地时，步枪机枪一齐开火，手榴弹开花，滚石檑木齐下，打得敌人成堆成堆地伤亡。

激战时刻，徐向前亲临大面山前线指挥。大面山海拔1000多米，是万源的天然屏障，越过大面山就可直下万源，因此这里是敌人主攻目标之一，战斗异常激烈。红军的大刀在厮杀中砍卷了刃，刺刀也捅弯了，反复肉搏一个上午就有七八次之多。在情况异常危急的时候，军、师的干部把八角帽往下一拉，带敢死营出击。徐向前看到阵地稳固，表示满意地来到指挥所，对红9军副军长许世友和政委陈海松说："大面山是敌人主攻方向之一，是全线的重点阵地，一定要坚守。右侧的30军，左侧的4军，都打得很好。考验是很严重的，可是我们有从百战中打出来的战斗作风——硬！"

在万源保卫战的日日夜夜，徐向前冒着枪林弹雨，走遍了各个前线阵地。指战员总是劝他快些离开阵地，他却笑着说："前沿才好哪，走近看得清楚，我呆在后方怎么指挥打仗呀？你们不也是在前沿吗？"

时间在残酷激烈的战斗中一天天过去，红军指战员经受着艰难困苦的考验。白天，烈日、硝烟、战火，把阵地烤得如同蒸笼一般。夜晚，成群的蚊虫叮得人们痛痒难忍。暴雨天，泥水灌满堑壕，指战员泡在齐腰深的泥水中坚守阵地。烂脚病像瘟疫一样蔓延，许多人腿脚溃烂红肿，行动艰难，又缺乏药物治疗。但英勇的红军战士们照样坚持战斗，不下火线。敌人的尸体，横七竖八，密密层层地堆在阵地前沿，来不及处理，二三天就腐烂发臭，熏得人恶心呕吐。粮食供应不上，指战员靠挖洋芋野菜充饥，枪弹不够用，就到敌人的尸体堆里去拣……一切都难不倒英勇的红军战士！

此时是7月下旬至8月上旬，正当酷暑季节，疫病流行，敌军病员大增，逃亡不断。敌军抓来运输物资的民夫或消极怠工，或聚众逃跑，使敌人供给发生严重困难。敌报纸惊呼："前线士兵，形同乞丐。有开回者，令人视之，惊为僵尸。"敌人士气沮丧，怨声盈野。

在敌人的哀鸣声中，红军转入了总反攻。东线敌人全面崩溃后，徐向前又来到西线，率领红30军实施大纵深迂回，在黄猫垭一举歼敌1.4万余人，打了一个痛快淋漓的歼灭战。李先念后来回忆道："在战斗结束的那天夜里，徐向前同志高兴地在屋里唱起了《国际歌》。"

红四方面军在10个月的时间里，歼敌8万，粉碎了敌人的六路围攻。坐镇南昌指挥"剿共"的蒋介石，既震惊又恼火，发电指责刘湘无能。刘湘自觉无颜见江东父老，在从成都去重庆的半路上，还演出了一幕投江

的丑剧。

徐向前说:"反六路围攻,是我们在四川打得最艰苦的一个战役。在红四方面军的历史上,也可以说是战役规模最大,持续时间最长,战果最辉煌的一个战役。人民群众的伟大力量,是红军战斗力的源泉。"

率四方面军长征

1935年早春3月,徐向前率红军扫平了嘉陵江上游沿岸白军,开始了渡江西征的准备。滚滚江水,奔流在群山峡谷之中。对岸敌军共约53个团,还有蒋介石的嫡系第一师独立旅。他们凭借江防,阻止红军西渡。红四方面军为策应中央红军的行动,奉命出兵过江。

渡江没船。沿岸大小船只,全部被敌人掠走。为了寻找有利的过江起渡点,徐向前带领参谋和工兵营的干部,沿着江岸一步步勘探,走了上百里路,翻过数不尽的山头,最后选定在苍溪与阆中两县之间的塔子山下,作为渡口。这里背后有平地,可集结部队,方圆20多里处森林茂密,可作为造船厂。在徐向前指挥下,一所造船工厂很快在丛山密林中开工了。没有高大的烟囱,没有机器马达的喧嚣,有的只是铁器撞击、砍伐锯截树木的声音。造船需要大铁钉,战士和工人们用收集来的废铁,在地上挖坑造炉熔铁,自己制造各式铁钉。船造

好了，采取人抬马拖陆地行舟，把70多只船，秘密运至渡口附近。

根据敌人的设防和地形，徐向前指挥部队采取偷渡与强攻结合，多路突击，重点突破的战法，于1935年3月28日夜，一举突破嘉陵江，席卷两岸守敌。然后乘胜前进，控制了嘉陵江与涪江之间的大片地区。4月2日，先头部队从东、西、南三面包围了剑门关。

徐向前在《历史的回顾》中写道："剑门关位于横亘剑阁、昭化之间的剑门山，扼控川陕大道，'插翅难渡'，是邓锡侯部江防部署的支撑点。敌28军宪兵司令刁文俊率三个团，依托险要地势及预构的集团工事防守。王树声在前面指挥，要求动用方面军总部的迫击炮营，摧毁敌阵地，我们同意。11时许，部队发起攻击。我军在迫击炮和机枪的掩护下，前赴后继，猛烈向敌阵地突击，多次与敌人展开肉搏。经半天激战，全歼守敌三个团，拿下了剑门关。剑门关向来以'一夫当关，万夫莫开'的险要地势而著称。三国时姜维就守过那个地方。战后，我去剑门关一看，真是个奇怪的地形。你从北面来的话，它是个高山，一壁千仞，险恶万分。你从南面来的话，它是坡地。南攻容易北攻难。"

徐向前正是抓住了敌人这个弱点又一举成功，创造了方面军战争史上又一奇观。至此，战史上称为强渡嘉陵江的战役告捷。红军在24天内,连克阆中、南部、昭化、剑阁、平武、北川等9座城,歼敌万余人,控制了东起嘉陵江、西至涪江纵横300里的广大区域。

从1934年10月开始长征的中央红军,在国民党军前堵后追的险境中,历尽千难万险,行程万余里,突破乌江,两占遵义,四渡赤水,跨过金沙江,强渡大渡河,翻越大雪山,向川西行进。徐向前每天都从电讯中、敌人的行踪上,得到些中央红军征战的消息。他时时关心着中央红军的行动,渴望着与党中央领导人相会。

这几年,徐向前在红四方面军有不少胜利的欢乐,也有许多难言之苦。他身为总指挥,一遇到重大的决策,上头有个张国焘主席,身边有个陈昌浩政委。他们是党的"化身",他们一个有军政大权,一个有军事最后决定权。从组织上讲,要服从他们,可是张国焘军事上爱瞎出点子,陈昌浩又一味服从这位张主席。在鄂豫皖根据地,第四次反"围剿"失败,在向四川转移的路上,在川北反"三路围攻"、"六路围攻"中,徐向前一些可行的作战方案,被他们闹得不能全部实现。特别是在红军中大"肃反",杀掉了他认为的许多好同志,包括他的妻子;使他更不理解的,方面军全部脱离川陕根据地这样的大行动,他既没参加会议讨论,更无人正式

告诉他一个"为什么"。

陷入苦闷中的徐向前,希望很快见到党中央领导人。他不打官司不告状,要求中央把他调出红四方面军。他深感个人能力有限,难以领导好这支红军。可是,党中央和中央红军又在哪里呢,何时才得相会?

1935年5月上旬,红四方面军领导人在江油县附近一个村庄举行会议。会议决定,为摆脱敌人南北夹击,策应中央红军北上,红四方面军主力向川西北发展,在川康边地区创造根据地。于是,徐向前率先头部队,向北川、茂县一带进发。

红四方面军进入了山区。这里杂居着藏、汉、羌、回族,多数村寨属藏民族。青稞粉和酥油混合成的糌粑、发酵的酸马奶以及牛羊肉,是藏民的主食,也是红军每顿要吃的食物。干部们说:大别山里穷,还吃得上小米;大巴山前苦,还喝得上红苕白米粥;这里一不见米,二不见面,又腥又膻的糌粑,实在难咽!有的战士硬是饿着不吃糌粑。徐向前就带头吃这些东西。他还风趣地说:"为革命吃糌粑,谁不爱吃糌粑,谁就不想革命到底。""革命到底",是红军的一个共同口号,大家常常挂到嘴边,也是表示决心的口号,若说谁不想革命到底,是最大的羞辱。总指挥的话传出去,红军干部和战士都皱起眉头吃起糌粑。谁要不愿意吃,讲怪话,马上会听到这样的话：

"总指挥都抓糌粑吃，你不想想啊！"

"总指挥说了，不吃这东西，就是不想革命到底！"

徐向前教育大家吃糌粑，还有更深的意思。一是为了和藏民打成一片，亲如家人；二是节省下粮食，准备送给中央红军。为迎接中央红军，从总指挥到每个战士，都学着捻毛线、织毛衣，节衣缩食，为两军会合作贡献。有些干部战士开始听说要学习捻毛线、织毛衣，怪话又来了，说什么："什么都要学，会不会叫大男人学生娃娃！"徐向前听说，认真地说："当兵的，除了学不会生孩子，什么事都应该能学会。"一些不愿意学织毛线活的干部，看到总指挥随身带着织毛衣的线团和针，休息的时候，一针一线地织着，这些干部惭愧地赶快也去学捻线，学织毛衣。

5月下旬，党中央率中央红军越过大渡河，经天全、芦山、宝兴一线走向川北。喜讯传来，徐向前和红四方面军总部其他领导人即派红30军政委李先念率一部兵力，翻越海拔4000米高的红桥山，进占懋功、达维，迎接中央红军北上，徐向前特别向李先念嘱咐说："要各部队多抽些炊事员去，带上炊具。我们西征时吃过苦头，炊具丢了，炊事员跑散了，部队没饭吃。这次要先帮助兄弟部队解决吃饭问题。"

6月12日，徐向前在理番，代表红四方面军领导人亲笔起草了致毛泽东、张闻天、周恩来、朱德的信，详细介绍了川西北敌我态势，对当前的行动提出建议。信中热情地说：红四方面军以及川西北工农群众，"正准备以十二万分的热忱欢迎我百战百胜的中央西征军"。信的内容机密、重要，为保万无一失，徐向前亲自交代警卫员康先海带一班战士，送去懋功。"一定把信送到毛主席手里！"这是徐向前的嘱托。

　　中央红军与红四方面军一部，在懋功胜利会师了！

会师

1935年6月，懋功，这荒凉的小镇，从此名垂史册：中央红军和红四方面军在这里会师。历史的曲折也从这里开始。

两军会合了，那只是双方的先头部队。徐向前正率领十几个团的兵力北上。他们沿着黑水河，日夜艰难前进。

一天，徐向前收到彭德怀的电报，说红三军团抵黑水地区。徐向前立刻回电，约定第二天一早，在维古河渡口会面。

翌日天刚亮，徐向前带领几名随从，骑着马飞向约定的渡口。难得的历史会见，使两颗心远远相近。两位相知不相识的红军名将，从不同的方向奔往维古河渡口。他们只是从地图上知道那地方，而且各自手中那份军事地图，明明标着个桥的符号。可是，当徐向前来到河边时，却不见桥，一条宽约30多米的河，急湍奔流，

挡住了马蹄。这条岷江支流,水势凶猛,既没桥又无船。从地图上看,河并不起眼,可是怎么过去呢?跟随着徐向前的参谋、通讯员和警卫员都焦急起来。

"这是啥人画的地图哟!坑人!"参谋人员看着图埋怨。图都是战斗中缴获的。旧地图上不准的村名、山名、河名多着哩。大家着急地看着对岸。要是能找到只船就好,可惜,一条小船的影子也没有。眼前只是一条急流。有人下水试试,冷得透骨,又不知到底多深,没办法涉水过去。徐向前在战场上,越是情况紧急,反而话越少。有时子弹在身旁飞,他总是不紧不慢,手向身后挥挥,说声:"讨厌!讨厌!"如今眼看过不得河去,他在河边来回踱着,又习惯地说:"讨厌!讨厌!"

河对岸,隐隐出现了一支骑马的红军队伍。这队伍,由远而近,飞奔到河边。从望远镜看,他们一样心急,一样望水兴叹。河这边挥手,河那边也挥手。河这边喊叫,河那边也喊叫。声音被河水吼声吞没。隔河相望,谁也叫不应谁,谁也听不清双方说什么,更不要说看清、认准谁是谁了。

从望远镜里,河对岸一队人中,一位个子不高、体格健壮、头戴斗笠的人,正向徐向前频频招手。徐向前凭着敏锐的判断力,认定那位戴斗笠的人是彭德怀军团长。突然,河对岸有一个战士跳绳玩似的,扯着一根绳子,在空中转了几圈,一只燕儿似的拖着条小尾巴,穿过奔流的河水,"飞"过来落在地上。河这岸的人,拾起来一看,原来那"飞燕"是块小石头,"尾巴"是条小绳。石头上捆着纸条。警卫员忙把纸条收起,送给徐向前总指挥。纸条是彭德怀写的:"我带三军团之一部,在此迎接你们。"

徐向前拿着纸条,眉头舒展,高兴地笑着向对岸挥手。参谋、警卫员、通讯员心里好喜欢。"鸿雁传书"的故事,他们听说过,小石头传书,还是头一次见!

"好办法!"徐向前说着,随手在笔记本上撕下页纸,写上一句:"我是徐向前,很想见到你!"

那块拴着绳的小石头,带着徐向前写的纸条,又像燕儿似的,"飞"了过去。

▲ 参加长征的红四方面军一部

开国元帅 **徐向前**

河两岸,一片欢笑。招手、欢呼。这边摇手,那边挥臂。此时此刻,比语言更热烈。一位来自江西,一位来自大巴山下,两位赫赫有名的红军将领,就这样"相会"了。奔流翻滚的维古河,在他们脚下,好像也在欢歌。

千山万水,挡不住红军,一条小小的河流,拦不断相会的心。通讯员泅水过去,把一条连接两岸的电话线架通。

"彭军团长,你们辛苦了!"

"徐总指挥,你们辛苦了!"

"这条小河,真讨厌啊!"

"是啊,有些讨厌!"

在电话里,徐向前和彭德怀相互问候着,亲切地交谈着。这比来往甩小石头通信,更能表达相互的心情了。他们虽然是第一次通话,谁都不知谁的模样,却是一见如故,有说不尽的话。这些年,中央红军和红四方面军虽是远隔几千里。但是,他们为着一个共同的目标战斗着,远隔几千里,共同唱着《国际歌》!

徐向前和彭德怀,在电话中约定了:明天,在维谷河上游一个名叫赤念的渡口相见。地图上标着,那边有一座铁索桥。

漫长的夜,两位红军将领,在想什么,谁也不知

道。王明"左"倾路线的错误和张国焘的错误,致使中央红军离开了江西,使红四方面军脱离了通南巴苏区。现在红军正在受苦的路上,彭德怀和徐向前有一个共同的信念,那是肯定的:两军要团结一致,共同打出一个新的局面!

第二天,两位红军领导人几乎是同时来到赤念渡口。维古河还是切断了路,这儿仍没有通行的桥。有座铁索桥是不错,但早已被敌人破坏了。河面上,只横着条溜索,吊着只用竹条编的筐子。附近的老百姓过河,都是坐在筐子里,攀着绳索,慢慢地溜着过去。参谋人员正有些失望,徐向前总指挥坐进了竹筐。他要溜过去呀!

"不行啊,危险!"有人叫。

"总指挥!你过不去!"警卫员要拦阻。

"不行啊……"

从来不畏难,不怕险的徐向前,一个人坐在竹筐里,两手向前攀着。他很快溜到了河上空。咆哮的维古河,在他的脚下奔流。跟随徐总指挥的人员,瞪大眼,看着总指挥的背影。对岸,彭德怀军团长和随行人员,都不知溜过来的是什么人。

徐向前稳稳地溜到了对岸。他从竹筐里跳出来,上前握住了彭德怀军团长的手。顿时,两只有力的手,紧

紧握在一起。

"徐总指挥,你坐过这玩意?"彭德怀笑着说。

"是头一次,"徐向前微笑着,"这东西,挺有意思呢!"

"真叫人担心!"

"是啊,刚坐进去,有点儿慌,溜几下就觉得有意思。"

彭德怀和徐向前,肩并着肩,沿着河岸边,漫步走着,谈着。太阳高高地照着维古河,河水泛起浪花,急湍地流着,像是在唱一支赞美的歌。维古河畔,永远留下了他们的足迹!那次难忘的相会,许多年以后,徐向前还印象深刻,1956年,他写了一篇小文——《维古河畔》。

在维古河畔,徐向前与彭德怀见面之后,彼此通报情况。徐向前问到毛泽东等中央苏区的领导人。彭德怀告诉徐向前一些遵义会议的情况。他这才知道,毛泽东又重新领导中央红军了。在此以前,徐向前听说,王明等人排斥了毛泽东,毛泽东不管军队,只是中华苏维埃共和国主席。

徐向前向彭德怀说:"我真想见见毛泽东同志!"

"你认识他?"

"不,我们没见过面。"

会见毛泽东

徐向前虽然未和毛泽东见过面,由于大革命失败那年,那位"交通"给过一张"找毛泽东"的纸条,使他东奔西跑好多天,毛泽东这个名字深深地印在了他心里。他想到大革命失败后,在武汉、在九江、在上海找毛泽东的情形,又想到如今在这茫茫草地与中央红军相会,觉得分外高兴。

为迎接中央红军,迎接毛泽东,徐向前和红四方面军的领导人,命令红军指战员把草鞋、毛袜,作为慰问品。仅红31军,一批就送往中央红军衣服500多件,草鞋1400多双,毛袜500多双,毛毯100多条,鞋子、袜底300多双。徐向前因忙于指挥作战,直到1935年7月中旬,才在芦花见到毛泽东、周恩来、朱德、张闻天、博古等领导人。

一天,在藏民地区一座简陋的房子里,毛泽东和徐向前头一次握手相会。

毛泽东说:"向前同志,你辛苦了!"

徐向前说:"毛主席,我很想见到你!"

毛泽东说:"我也是一样啊!"

这次会见,像早已安排好的,毛泽东代表中央政府把一枚五星奖章,授予徐向前,并说明,这奖章是中华苏维埃共和国中央临时政府决定授给8位同志的,因为徐向前没能出席中央的会议,这奖章一直保存着。毛泽东主席还对徐向前在创建鄂豫皖和川陕苏区斗争中,指挥红四方面军作战屡建战功,予以高度评价。

徐向前心中十分感动。他又一次记起1927年在武汉那位"交通"给他的纸条,要他"找毛泽东"。8个年头过去了,今天才在这荒无人迹的茫茫草原上相会。这8年中,徐向前经历了广州起义与东江游击战争,经历了鄂豫皖苏区四次反"围剿",经历了川陕区的反"三路围攻"、"六路围攻"。

8年前,徐向前只是武汉军校中的一名少校队长,如今,他成了统帅红军第四方面军的总指挥。

8年前,他参加广州起义,任工人赤卫队第6联队队长时,开始只有两支手枪和几个手榴弹。如今,他统率着8万多人的红军主力。

这8年中,他有无数个胜利的喜悦的日子,也有说不尽的失败的经历。这几年,他在张国焘的直接领导下带兵打仗,对他是"用而不信",许多事使他左右为难,心情不愉快。他心中早已暗暗想,见到党中央和毛泽东等领导同志,他要提出请求,希望离开红四方面军,请中央另分配一个工作。

徐向前在和毛泽东等中央领导人交谈中,说出了请求调动工作的话,毛泽东只是微微笑着,其他领导人不语。毛泽东向徐向前说:

"向前同志,你们这些年工作成绩很大,创造了两个大苏区,打了好多大胜仗啊!"

徐向前说:"我这个人水平不高,能力差,还是请求中央另分配工作好。"

毛泽东仍是微微笑。谈话没有继续下去,于是大家又议了议北上作战的问题,就分手了。

这次相会,使徐向前终生不忘。毛泽东的安详大度,周恩来的敏锐和口才,朱德的平易近人,张闻天的学者风度,给徐向前留下深刻印象。他在《历史的回顾》中写道:"因为桥未架好,大部队无法过河,我们在维古河一带住了两天,才抵芦花。张国焘、陈昌浩和党中央领导机关,也陆续来了。在那里,我见到了毛泽东、周恩来、朱德、张闻天、博古等同志。第一次见到这么多中央领导同志,我既高兴,又拘谨,对他们很尊

重。毛主席还代表中华苏维埃政府，授予我一枚五星金质奖章。这不是给我个人的荣誉，而是对英勇奋战的红四方面军全体指战员的高度评价和褒奖。"

"终生抱愧的错误"

1935年6月,红四方面军和中央红军在川西会师后,张国焘的分裂主义倾向逐渐发展。徐向前任前敌总指挥,整天忙于指挥作战,中央召开的一些重要会议,他未得参加。对于和中央红军相会,徐向前从内心是高兴的。但是红四方面军与中央红军会合后出现的复杂局面,他却没有思想准备。开始,张国焘向中央争兵权,继之公开反对中央北上的战略方针。徐向前和张国焘相处几年,只觉得这位老资格的领导人难处,却没看透他野心勃勃的本质。每次传达中央的会议情况,张国焘说一些好听的话,又半阴半阳讲几句不好听的话。因为他阴阳怪气惯了,许多人出于对领导的尊重,有的话放在心里,有的话一听就过去了。一些议论中央是非的话,在会议上和谈话中,传进徐向前耳朵里。什么"一方面军的损失和减员应由中央负责","军事指挥不统一",什么"遵义会议是不是合法",什么"说四方面军有军

阀土匪作风"等等，徐向前甚感刺耳。他组织纪律观念强，一向反对不负责任的政治上的自由主义。他常说："共产党员有话讲在面上，不准背后乱说乱道。"

7月21日，党中央在芦花召开的政治局扩大会议，统一对红四方面军工作的认识。徐向前只参加了一天，第二天便率领部队北上，准备攻打松潘。事后，当张国焘说到芦花会议的争论，散布对中央领导不满。徐向前说："这些事情我管不了，现在的问题是部队在这里没有粮食吃，吃黄麻菜吃得嘴都肿了，我们不能待在这里挨饿，得赶快走。"

徐向前拥护党中央关于北上的正确方针。1935年8月，中央终于说服了张国焘，红军分左路军和右路军北上。徐向前和陈昌浩、叶剑英率右路军随毛泽东、周恩来等中央领导人行动，向巴西地区开进；朱德、张国焘、刘伯承等率领左路军行动，向阿坝地区开进。曲折的历史也从此激烈展开。

从8月22日起，右路军进入若尔盖大草原的边缘地带，开始了穿越草地的进军。在茫茫草地里行军，没有粮食，红军战士天天以野菜为主食，许多人病了。许多人吃黄麻菜，嘴都肿得说不成话。徐向前听说周恩来患疟疾不能起床，特地带了一块牛肉去看望。一次和毛泽东见面时，还把自己的烟袋送到毛泽东手上说："抽

抽我这老叶子吧，挺好呢！"毛泽东说："我这几天伤风，戒烟了。"说着还是接过烟袋闻闻直咳嗽。徐向前知道毛泽东烟瘾大，真想为他搞一些纸烟。可是，荒凉的草原上，牛粪房里除了酥油茶叶，哪里能见着纸烟啊。

这是罕见的艰苦行军，是人同自然界的殊死搏斗。茫茫荒野，神秘无情，天气令人莫测地变幻着。上午还是晴空万里，烈日炎炎，下午突然黑云密布，雷电交加，暴雨、冰雹铺天盖地而来。夜间气温在零度以下，红军战士冻得瑟瑟发抖，彻夜难眠。黑色的泥淖，被深草覆盖着，一不小心，人和牲口陷进里面，就被吞没了。水塘不少，却大多含有毒素，战士们喝下去又吐又泻。四野茫茫，渺无人烟，找不到粮食，野芹菜、草根和马鞍、皮带，成了红军指战员充饥的食物。

战士体力消耗太大，部队减员多，为减少死亡的发生率，徐向前和指挥部的同志想了些办法，令前锋部队在沿途标上安全路标，指示道路；组织有经验的人挖野菜、尝"百草"，能吃的再通知下去，严令个人随地挖了吃。尽量减少一切不必要的辎重和干部坐骑，腾出马匹、牦牛给伤病员，必要时宰杀食用。夜间组织联欢会，点起篝火，大家围在一起，边活跃情绪，边取暖御寒。加强政治思想工作，发扬团结友爱和革命乐观主义

开国元帅 **徐向前**

精神。

在这些日子里，徐向前常常见到毛泽东，有时行军路上，有时是中央开会。徐向前铭记在8月20日毛尔盖中央政治局扩大会议上，毛泽东在发言中就红军的发展方向问题，提出要向东，向陕甘边界发展。讨论中，徐向前表示，完全赞成毛泽东的意见，并列举了一些理由。他说："原则上的问题，以前已决定，当无可争。我们应坚决先从洮河右岸前进，从岷州方向突破向东。如果不能走时，再从洮河左岸向东突击。战略方针当然是向东。"毛泽东认真地听着徐向前的发言，显然十分高兴。在张国焘闹着要向南，向黄河以西走的情况下，徐向前坚决支持毛泽东的意见。就在这次会议后，徐向前按照毛泽东的指示，指挥了包座战斗。

包座，是四川省松潘县北的重镇，是红军越过茫茫水草地进入甘南的必经之路。它分为上下两个包座。上包座处于群山之中，四周尽是原始森林。胡宗南第49师依山靠水驻守要地，另派第47师正向包座前进，企图把刚刚走出绝境草地的红军一举歼灭。在毛泽东亲自决策、徐向前直接指挥下，红军于8月29日发起攻击，经三天激战将敌49师大部歼灭，共毙伤敌师长伍诚仁以下官兵4000余人，缴获长短枪1500余支，轻机枪50余挺。特别是使红军获得了大批粮食、牛羊和军用物品。这次战斗,比起徐向前在大别山区、在大巴山指挥的那些战役,只是一次规模不大的小仗。可是,它是与中央红军会师后的第一仗,是红军越过茫茫草地、以野菜为食的战士拼杀得来的。毛泽东十分满意徐向前的指挥才能,如果说以前是从报告中知道徐向前,现在亲自看到了徐向前不愧为一名杰出的军事将领。徐向前对包座之战,在《历史的回顾》中写下这样的话:"包座战斗,我30军立了大功,四军打得也不错。……我军指战员经过草地的艰难行军,不顾疲劳,不怕牺牲,坚决完成党中央和毛泽东同志赋予的打开北进通道的任务,取得了全歼蒋介石嫡系部队胡宗南一个师的重大战果,有不可磨灭的历史意义。"

北进的道路打开了。全军将士无不欢快。荒无人烟的水草地已经过来,那种吃野菜、煮皮带度生的艰苦日子,在大家心目中,不会重返了。徐向前和许多战士一样,露出了笑脸,计划着新的行程。就在这个时候,左路军中的张国焘突然变卦,他率兵出阿坝不远,借口噶曲河水大、粮食困难,妄图改变北进的路线。9月1日,徐向前、陈昌浩、毛泽东联名发电报给朱德、张国焘,提出目前的敌情、我情、地理情况,极有利于红军按原定的计划向甘南发展。右路军正准备派部队送马匹、牦牛和粮食去阿坝地区。9月3日,张国焘又给徐向前、

陈昌浩发电并转中央，说什么上游侦察70里，不能架桥，不能涉水过河，部队的粮食只能吃三天，茫茫草地前进不能，决定明晨分三天全部返回阿坝。

自从和中央红军会合，徐向前的心情一直处在惊喜、忧虑、矛盾的状态中。他驾驭战争的变化，指挥各种条件下的战役、战斗，不说处处得心应手，但大多是牵着敌人鼻子走；可是，党内上层的路线之争，使他感到被动苦闷，有时难辨正确与否。他在过草地前，一天夜晚曾坦率地向政治委员陈昌浩说："我这个人能力不行，在四方面军感到吃力。想到中央去做点具体工作。听说刘伯承同志军事上很内行，又在苏联学习过，可由他来代替我。"他请他向张国焘反映自己的要求。事到如今，工作没调动，像处在十字路口，越来越为难了。

9月8日，张国焘公开了他的南下企图，并命令徐向前和陈昌浩率右路军南下。陈昌浩原来和徐向前一样，是拥护北上反对南下的，现在变了调，说什么："建议力争左右路军一道北上，如果不成，可以考虑南下。"电报往返争论，会议上的气氛越来越令人不愉快。

8日夜，徐向前和毛泽东、周恩来等7人又联名致电张国焘和左路军其他领导人，指出："左路军如果向南运动，则前途将极端不利。"要"立下决心，在阿坝、卓克基补充粮食后，改道北进"。9日，张国焘复电中央,反对北进,坚持南下。

傍晚,徐向前正住在一座喇嘛庙里,不知该怎么办,毛泽东来了。两军会合以来,徐向前多次见过毛泽东,他敬佩毛泽东,拥护毛泽东提出的北上方针。他们站在屋外谈话。毛泽东说,红军可能又要分开了,问徐向前怎么好。徐向前说,已经会合还是不要分开,要说服张国焘一同北上。谈话不长,毛泽东返回了驻地。

第二天凌晨,徐向前刚刚起床,便得到报告,说中央红军已经连夜走了。事态发展突然,徐向前坐在床板上,惊呆了。这时,指挥部忙乱起来,又是电话,又是议论。前沿部队中有人不明真相,电话里请示说:"中央红军走了,还对我们警戒,打不打?"政治委员陈昌浩是有"最后决定权"的,此时他却问徐向前:"怎么办?"在这严峻的关头,徐向前不加任何思考严厉地说:

"哪有红军打红军的道理!叫他们听指挥,无论如何不能打!"

在茫茫草地上,红军经历过人世间少有的苦难,同志之间原是那么相爱,有的人宁肯自己挨饿,把一袋干粮送给战友;有的人自己挨冻,把织好的羊毛袜,赠给远道来的红军同志。现在居然要打起来。在这严峻的关头,徐向前愤怒了。

党中央率中央红军远去了。左路军那边张国焘来电报，促右路军南下；中央又来电报，要徐向前、陈昌浩率领红四方面军第4、第30军北上。徐向前蒙着头，躺在床上流泪。只听陈昌浩骂骂咧咧，什么"逃跑主义"，什么"右倾机会主义"。看来他铁了心，决心要率军南下了。怎么办呢？徐向前的内心矛盾、痛苦，不知找谁去说。他想，不顾一切，带上警卫员，骑马追中央北上。可是，作为总指挥，离开部队，见到中央领导人说什么呢？让你北上，是带领部队啊，光杆司令，怎么回事呀！要下命令给部队北上，政治委员陈昌浩定会坚决反对，那又会是什么局面呢？徐向前想到这些年，和红四方面军生死与共，眼看着它分裂成两半，各走一方，心里更难以忍受。

"想来想去，还是决定和部队在一起，走着看吧！这样，我就执行了张国焘的南下命令，犯了终生抱愧的错误。"这是徐向前在《历史的回顾》中记述的一段话。

南下

草地上红军的脚印还没消失,有些冻死、饿死的尸体还躺在那里,徐向前和红四方面军第4、第30军又返回来了。徐向前在第二次过草地有这样的记述:

"浩渺沉寂的大草原,黄草漫漫,寒风凛冽,弥漫着深秋的肃杀气氛。红军第一次过草地时留下的行军、宿营痕迹,还很清楚。有些用树枝搭成的'人'字棚里,堆着些无法掩盖的红军尸体。衣衫单薄的我军指战员,顶风雷,履泥沼,熬饥寒,再次同草地恶劣的自然条件搏斗,又有一批同志献出了宝贵的生命……"

南下的红军第二次穿过草地后,已是寒冬季节。部队冒着风雷严寒,翻过一座座高山,忍饥挨饿向南走。张国焘无视党中央的警告,不顾朱德总司令的劝说,坚持要把红四方面军和中央红军的第5、第32军,拖向川康边去。他诬蔑党中央率军北上是"右倾机会主义逃跑路线",说南下才是正确的"进攻路线"。一般下级干

部和战士是分辨不出什么是正确路线，什么是错误路线的，只知道服从命令听指挥；中高级以上干部，是知道路线正确与否极关重要的。可是，这时候许多人已被吵闹得糊涂了。有人纳闷：中央路线正确，为什么从江西跑出来？张国焘的路线不正确，怎么会从大别山出来2万人扩大成8万？有的人在两军会师后，听到说什么红四方面军"军阀土匪作风"极为反感。

徐向前虽然比下边干部知道的多一些，一般能分辨得出是非曲直，可是中国革命的大战略向哪里发展，他达不到毛泽东、周恩来的认识高度。此时，他希望南下的红军能打胜仗，尽快摆脱雪山草地的困境。于是，他的全部心思都集中在打仗上，敌情、地形占满他的头脑。他认为：军队的生命是战场上的胜利，只有不断打胜仗，军队才能生存和发展，才会有吃、有穿、有武器弹药。

在南下岁月中，朱德、刘伯承、徐向前等，对张国焘分裂党和红军，污蔑、辱骂、"通缉"毛泽东、周恩来等中央领导人的行为，明着暗里进行了抵制。在10月5日卓木碉高级干部会议上，张国焘宣布另立"中央"，徐向前没有发言，也没有举手同意，他对眼前发生的一切，既不理解，又很痛心。会后张国焘找他谈话，他明确表示，不赞成这种作法。他反对分裂，希望

▲ 甘孜。1936年6月，红二、四方面军在这里会师

团结。他支持朱德总司令的正确意见，劝说张国焘不要这样搞。朱德向张国焘说："要搞（中央），你搞你的，我不赞成。我按党员的规矩，保留意见，以个人名义做革命工作，不能反中央。"徐向前向张国焘说："党内有分歧，谁是谁非，可以慢慢地谈，总会谈通的。把中央骂得一钱不值，开除这个，通缉那个，只能使亲者痛，仇者快，即使中央有些做法欠妥，我们也不能这样搞。现在弄成两个中央，如被敌人知道有什么好处嘛！"张国焘对朱德无奈，对徐向前只得"用着看"，军事指挥上离不开他。

川康地区并不是敌人的薄弱点，蒋介石的数十万大军正云集那里。苦战、恶战在等待着徐向前和他们的红军。蒋介石借"追剿"中央红军的机会,把他的军事指挥中心从武汉移至重庆,随即整编川军,一手控制了四川大小军阀的部队共7个军两个暂编师和五个旅。

南下红军于10月24日翻过夹金山,向天全、芦山、宝兴发起进攻,准备实行《天芦名雅邛大战计划》。朱德和徐向前共同指挥了这次行动。11月1日,红军进占宝兴,乘胜前进,10多天以内连下宝兴、芦山、天全等城,歼敌5000多人,控制了邛崃山以西、大渡河以东川康边境大片地区。成都告急,重庆震动,蒋介石调动重兵,与红军在百丈关一带山地展开决战。徐向前指挥红军苦战7天7夜,歼敌1.5万余人,自己也伤亡1万多人。从此,南下的红军失去了连续作战的能力。徐向前在《历史的回顾》中说:百丈关决战,是南下红军"从战略进攻转入战略防御的转折点","也是张国焘南下方针碰壁的主要标志"。这年冬季,又逢10多年不遇的大雪,红军许多人病倒、冻伤、饿死在雪地里。敌军重兵压迫,致使南下红军只好后撤。此时,长征已到达陕北的党中央一再电示劝告,共产国际也出面说话。张国焘只得认输了。

徐向前对党中央和毛泽东、朱德等领导人一直怀着深情。他多次告诉身旁的人,要好好照顾一同南下的朱德总司令。他心里怀念着中央红军。百丈关战斗后,他得知中央红军到陕北,在直罗镇歼敌一个师的消息,十分高兴,亲自拿着电报找张国焘,提出发个捷报。张国焘当面冷淡,事后又不得不允许把直罗镇战役的胜利消息登上红军小报。

1936年2月,南下失利的红军分三路撤离天全、芦山、宝兴地区,向道孚、炉霍、甘孜前进。部队翻越过夹金山、折多山、党岭山,一路战严寒、驱敌兵,转战五个多月,7月初在甘孜地区与长征到此的红军第二方面军会合。

徐向前对与贺龙、任弼时、关向应、萧克、王震等率领的红2、6军团会合,格外重视搞好团结。会合前组织部队准备粮物,动员干部战士注意团结。在一次干部会上,徐向前说:"红军是一家人,我们和中央红军与二方面军的关系,好比老四与老大、老二之间的兄弟关系。上次我们和老大的关系没搞好,要接受教训。

▲ 叶剑英(右)、徐向前同志长征到达陕北后的合影

现在老二就要上来，再搞不好关系，是说不过去的。方针是相互学习，取长补短，加强团结，一致对敌。"

红军第二、四方面军会合后，遵照党中央指示，徐向前率领红军又经毛儿盖一线，向北行进。由于张国焘的分裂阴谋活动被粉碎，红四方面军经过一段艰难曲折的行程，又踏上北上的道路。徐向前在《历史的回顾》中写道：这次北上，目的很明确。"广大指战员兴高采烈，精神焕发，勇气倍增。""'雄关漫道真如铁，而今迈步从头越。'我军顶烈日，战饥疲，越高山，第三次过草地。经过一个月长途跋涉，终于胜利到达包座地区。"

1936年10月9日，徐向前率部抵会宁。在这里，红一、四方面军胜利大会师。

会宁城里，一片歌声。红军战士，个个心里充满欢乐。

万水千山，千难万苦，终于让红军征服了。胜利，给人们带来了欢笑；胜利，也使有的人忘乎所以。部队中违反纪律的事，又增多了。会宁一带，粮食虽然比草地牧民区多些，水却像油一样缺。地上没有泉水，连条小河都看不见。老百姓常年靠雨水活命，每家每户，在院里修口旱井，下了雨，院里、屋上流下的黄泥汤，流进旱井里，沉淀一下，再提上来吃。红军部队，每天为吃水的事和老百姓争争吵吵。徐向前亲自抓整顿纪律。

他常说:"军队没有良好的纪律,不能打胜仗。"就在他大抓纪律的时候,红军总部警卫排却发生了一件偷换马的事。

事情是这样:警卫排有个小红军,忽然瞧见几匹战马拴在院里。那几匹马膘肥毛亮,甚是喜人,当夜,他偷偷把自己的老马牵去,换出一匹枣红马。此事被徐向前知道了。他把偷换马的小鬼叫来,劈头说:"你这个鬼东西,人不大,胆不小啊!"

红小鬼知道总指挥很爱小战士,长征路上,总把马给小兵骑,好吃的东西,也给小红军。小鬼们在总指挥面前,从不怕什么。

徐向前板起脸问:"为什么私自偷偷换马?"

红小鬼解释着:"我的马老了,我想……"

徐向前生气地说:"鬼东西,你只想自己,为什么不想想打仗!这马是调给骑兵用的,他们要打仗,应该有好马!"

小鬼这才知道事情闹大了。总指挥这些天整顿纪律,批评了不少干部,这一下自己惹麻烦了。

徐向前又问:"你违反纪律,该受什么处分?"

红小鬼说:"怎么都行。"

"把马换回来。"徐向前严肃地说,"自己到警卫营去坐禁闭!"

红小鬼从来没坐过禁闭，没想到为换一匹马，惹下大乱子。他离开总指挥部，先把马换回来，然后自己蹲禁闭去了。

会宁大会师，标志着红军万里长征结束。历史揭开了新的篇章。在会宁城里，徐向前意外地会见到陈赓。这位曾经是红四方面军第12师师长，如今是红一方面军第1师师长，他率领部队来会师，又是为欢迎徐总指挥而来。从鄂豫皖第四次反"围剿"陈赓负伤去上海养伤，一别就是三年多。陈赓孩子似的抱住徐向前，又说又笑。

徐向前问他："你怎么来了？"

陈赓说："来迎老首长啊。我总想再见不到徐总哩。"

徐向前说："我活着嘛！只要活着，总会见面呀。老百姓都说，两个山难碰到一块，两个人会碰面呢。"

陈赓说："上次在川西会师后，我很想见见你，没机会呀。现在好了，好了，一切都好了……"

陈赓这番话，意思很明显：红一、四方面军分开又会合，红二方面军也来了。雪山、草地都过去了。张国焘分裂党不得人心，他的第二"中央"已宣布取消了。徐向前此时心情也愉快多了，特别是能天天收到来自陕北党中央的电报，得知形势好转，抗日统一战线有新发展,张学良已和我们党有了秘密协定,停止了敌对行动,军队之间变成了友军。徐向前感到内战的局势不会再长久继续下去了。

孤身一人去陕北

1936年10月，三个方面军会师的喜悦挂在红军战士的眼角眉梢。红四方面军的部分指战员抖落长征路上的灰尘，又斗志昂扬地踏上新的征途。为执行宁夏战役计划，首先造成西北地区的抗日局面，中央军委命令红四方面军的第5、9、30军西渡黄河。过河部队称为西路军。

西路军2万余指战员在徐向前、陈昌浩等人的指挥下，执行党中央的指示，在极端困难的条件下，孤军奋战4个多月，歼灭国民党匪徒马步青、马步芳部2万余人。但最后终因敌众我寡，于1937年3月失败。

英勇的西路军将士，凛然不屈、视死如归，在高台、在临泽、在倪家营子，一次次地与敌人肉搏拼杀，用鲜血和生命在祁连山下书写了一曲悲壮的凯歌。

倪家营子大血战的情景仿佛就在徐向前眼前：

西路军粮弹缺乏，饥寒交迫的1.3万名指战员，被马匪数万骑兵、步兵重重围困在40多个屯寨里。红军人自为战，屯自为战，以一当百，坚守阵地。敌人的马队整天像潮水似的向西路军冲来，西路军战士不分男女，不分重伤员和轻伤员，也不分战斗人员和勤杂人员，在饱受炮火轰击的断壁残垣中，用血肉之躯筑起了一道道使敌人无法逾越的屏障。子弹打光了，就用大刀、长矛、木棒、石头；武器打坏了，就赤手空拳与敌人扭成一团，咬掉敌人的耳朵，扼住敌人的喉咙，揪掉敌人的头发。有的同志拉响最后一颗手榴弹与敌人同归于尽。西路军日夜厮杀、浴血苦战了40个日日夜夜。廖家屯——西路军总指挥部所在地，屡遭敌人冲击。在最危急的时刻徐向前站在屋顶上指挥战斗。

西路军艰苦奋战，将河西的10多万敌军牢牢地吸引住，有力地策应了河东红军的作战行动。

徐向前回忆起，在倪家营子突围后，西路军边打边撤，向祁连山转移。中共中央和中央军委对西路军的危难处境，极为忧虑。此时，西安事变已经和平解决，周恩来曾经陈述中共中央的严正要求，要蒋介石履行诺言，勒令二马立即停攻西路军。2月27日，又决定组成援西军，出兵增援。在十分危难的形势下，西路军军政委员会召开了紧急会议，决定现有部队分散游击，坚持斗争，徐向前、陈昌浩返回陕北向党中央汇报情况。

在会议的进程中，徐向前从战场上赶来。当他知道叫他离队的决定时，明确表示了不同的看法，说："这支部队是我们从鄂豫皖带出来的，到了这个地步，我们回去干什么？大家都是同生死、共患难过来的，要死也死到一块嘛！"但是会议还是通过了徐向前、陈昌浩去陕北的决定。

东返途中，负责护送的保卫干部去找水遇上敌人，再也没回来，陈昌浩病倒在一个小村子里。于是，徐向前一个人踏上了去陕北的征程。

翻白碴的破羊皮袄、"开花"的狗皮帽子，又黑又瘦的脸庞。此时，36岁的徐向前看上去像个五六十岁的老羊倌。

在永昌到凉州的路上，徐向前遇到了西路军特务营的曹营长。两个人经土门、景泰，坐羊皮筏子渡过黄河，翻越六盘山，穿过敌人的重重封锁，终于在一个叫小屯的地方遇上了执行侦察任务的红四军参谋长耿飚。1937年4月30日，刘伯承派人把徐向前接到援西军总部，并于当天向中央军委发电："我们的徐向前同志已于今日19时到达援西军司令部。"

6月18日，徐向前到达中共中央所在地延安。毛泽东接见了他。毛泽东拉着他的手，亲切地说："向前，你受累了，辛苦，辛苦。祝贺你顺利归来！"此时的徐向前真是百感交集，他详细地向毛泽东汇报了西路军奉命西征和失败的情况。关于西路军的失败，徐向前认为自己有责任，心情十分沉痛。毛泽东安慰他说："不要难过，留得青山在，不怕没柴烧。你能回来就好，有鸡就有蛋。"毛泽东还说："西路军的广大干部和战士是英勇的，顽强的，经常没有饭吃，没有水喝，伤员没有医药。他们没有子弹，靠大刀、矛子就和敌人拼命，这种革命精神永远也不要丢掉！"

回故乡

1937年7月7日,卢沟桥的炮声震撼着中国的大地,中国的抗日民族解放战争随之全面展开。历尽千辛万苦、长途跋涉回到延安的徐向前,被任命为八路军第129师副师长,师长是刘伯承。党中央和毛泽东决定,先派徐向前随周恩来赴太原同阎锡山谈判,开展统一战线工作。徐向前又出发了。

1937年9月,徐向前随周恩来来到太原,开展抗日民族统一战线工作。他协助周恩来会见各界人士,深入群众,利用一切机会宣传共产党的抗日主张,工作常常夜以继日,繁忙而又紧张。太原,离徐向前的家乡五台,只有半日路程,周恩来、朱德、彭德怀都向他提出应当回家去看看。徐向前开始不想走,大家的工作如此繁忙,自己怎么能回家探亲呢!于是他推辞说:"以后再说吧!"

周恩来看出徐向前是怕耽误工作,就说:"回家也是工作嘛。五台山战略地位重要，是我们下一步开展游击战争的基地之一，你去走一趟，能扩大党的影响，为将来展开工作做点准备。"彭德怀说："你和家人离别多年，回去看看，合情合理，不能让人家说共产党不讲人情嘛！"

9月16日，徐向前踏上了回故乡之路。徐向前投身革命后，至今已12年没有回过家了。他怎能不思念自己的家乡、自己的亲人呢！被国民党称作"匪首"的徐向前，为了中国人民的解放事业，转战南北，家中的亲人他完全无暇顾及。爸爸、妈妈的身体可好？小女儿松枝该长大了吧？……世界在变，中国在变，家乡的情况怎样呢？真是近乡情更怯呀！

汽车开到东冶镇，还要步行几里小路才能到永安村。走在弯弯的山路上，徐向前兴奋地和警卫员说起童年的生活、家乡的物产、东冶产的白菜、建安出的大米、台山长的蘑菇……正说着，徐向前看到前面一个好熟悉的背影——一个老汉背着一个口袋走得好吃力。是父亲？！他不敢相信会有这么巧。他走上前一看，真是父亲。徐向前轻轻唤了一声，老人停住了，两只眼睛惊疑地看着眼前这个英武的军人。徐向前恭恭敬敬地对老人说："大大（爸爸），我是象谦。"老人听了"象谦"两个字，泪水就顺着面颊流下来。警卫员接过口袋，徐

向前搀扶着父亲,急切地问:"娘好吗?"老人用衣袖擦了擦泪水,说:"她头年就过世啦。"母亲的去世是徐向前没有想到的,他一路上满心的喜悦立刻无影无踪了。

12载戎马倥偬,没有时机与家人团聚,但是家乡的山川草木、亲人的音容笑貌,一直萦回在徐向前的脑海中。12个春秋过去,故土依旧,人的变化却太大了。回到家里,姐姐、嫂子、妹妹、女儿都感到很意外,恍若隔世相见,亦悲亦喜。去年去世的母亲,棺木还停放在家中。父亲年逾古稀。两个姐姐早已出嫁,儿女都长大了。妹妹在教书。从没见过爸爸的女儿松枝,已长成十二三岁的大姑娘了,她看爸爸眼生,又不愿意离开,爸爸一问话,她又害羞地躲开了。

徐向前回来探家的消息很快传开了,村子热闹起来。亲戚、朋友、同学、邻里都来到徐家看望这个出在本村能和阎锡山比高低的大人物。院子里人来人往,络绎不绝,挤满了人。徐向前热情地招呼着父老乡亲,回答着大家提出的问题。

人们的话题集中在抗日上,大伙儿都赞扬共产党、八路军积极抗战,也提起国民党军节节败退,担心家乡沦丧,当亡国奴。徐向前说:"大敌当前,每个中国人都应当有所准备。要沉着应付各种情况,要准备着过战

争的生活。日本人来了，你们就拉起队伍，上山打游击去！"

一位老太太挤到徐向前跟前："银存呀，让我好好看看，人家说你长了红头发、蓝眼睛、猪嘴巴，当了什么'匪'，这是真的吗？"满屋子的人听了这话都笑了。徐向前也逗趣说："那你还来看我，不怕把你吃了哇。"

徐向前的父亲有文化，经常通过报纸了解共产党和红军的活动，了解徐向前的行踪。所以老人对国事、政治都很关心，他认识到共产党爱国爱民，比国民党强得多。老人说："象谦，看来你这条路走对了！"妹妹后来告诉徐向前，有一年南京政府的两个副官来到徐家，说是蒋校长（蒋介石）派他们来，问问家里知不知道徐向前的下落，有什么困难没有。父亲不明白他们葫芦里卖的是什么药，回答说："自从象谦考上黄埔学校，就不知道哪里去啦，连点音讯也没有，我正要找你们蒋校长要人呢！"两个副官听了啼笑皆非，匆匆地走了。

徐向前的姑姑看见侄儿一身单薄的衣衫，心疼地说："银存，天快冷了，给你做一条棉裤吧？"徐向前明白老人的心意，他说："姑姑，怕你做不起呀。"姑姑说："再怎么穷，一条裤子还是拿得出来的。""姑姑，我的同志有1万人，要做就得一起做呀，光我一个人穿暖了怎么行呢！"向前的话意味深长，姑姑这才明白了

向前的心。

徐向前的大姐、二姐的两个儿子——郭富安和赵希圣，再三要求舅舅带他们去当兵打日本。徐向前尊敬两位老姐姐，两位老姐姐说了"行"，徐向前才答应了。以后这两个勇敢的年轻人都光荣地牺牲在抗日的战场上。

夜深了，人们渐渐地散去。徐向前让女儿松枝掌上灯，来到母亲的灵柩前（当地习惯，老年夫妇先死者不下葬，停灵柩于家中）。姐姐、嫂嫂、妹妹都说：娘晚年很想他，病得倒在炕上起不来的时候，还在不停呼唤着他的名字。徐向前在母亲的灵柩前站了许久，许久。

第二天，徐向前又来到他的母校东冶镇沱阳学校，向乡亲们宣讲抗日救国的道理。

徐向前在家里住了三天，上路时他带走了两个外甥，以后他的妹妹占月，女儿松枝也陆续离开家乡，走进革命队伍。

响堂铺伏击歼日寇

1937年冬至1938年2月,转战晋东南的129师连续作战。七亘村、长生口、神头岭等战斗的胜利,有力地打击了日寇的进攻气焰。1938年3月下旬,日军向晋南、晋西黄河沿线大举推进,后方运输十分繁忙。邯长公路上,日军的汽车往返不断,日夜运送兵员和作战物资。为破坏日军的侵略计划,迟滞其行动,129师准备在敌重要运输线邯长公路上再打一个伏击战。师长刘伯承要到八路军总部开会,行前提议,这一仗由徐向前指挥。

邯长公路,东起邯郸,西至山西长治,横贯太行山脉,中经涉县、东阳关、黎城、潞城等地。徐向前派出便衣侦察组多方收集日军沿线兵力部署情况,同陈赓、陈锡联等旅、团指挥员调查研究后决定,在黎城至涉县间的响堂铺设伏。此处公路沿河修建,路南陡,路北缓至河底,南北两侧都是险山隘路,只要把东西两头一

卡,敌人便无处可逃。徐向前说:"这是一个理想的设伏地,在路北设伏,便于隐蔽,又便于出击;而敌人退无路,守无凭借,且此地居中,是东阳关和涉县两个敌人据点增援的最远距离。"

3月26日,129师副师长徐向前、师政委邓小平率部队从下良东移,向响堂铺方向运动。一路上,连日春雨霏霏,道路泥泞,春寒逼人。部队指战员情绪高昂,冒雨行军。30日晚,部队从秋树垣、马家峪、庙上村隐蔽向响堂铺进发。各团遵照徐向前命令,在31日拂晓前进入阵地;严密封锁消息,做好隐蔽、伪装和防空工作。徐向前的前沿指挥所设在响堂铺路北的后狄村山坡上,邓小平率师直属队驻佛堂沟。

31日拂晓前,部队进入伏击地点。指挥所里,徐向前守在电话机旁,等待拂晓的降临。突然,电话铃响起来,一个意外的情况出现了。陈赓旅长向徐向前报告:"七七二团报告,东阳关之敌200余人进到马家峪,长宁东南高地有敌骑兵,向我侧后运动。"陈赓分析,有可能敌人已发现我军行动,企图将计就计,截断我军后路。

情况突如其来,若真是敌人发现我伏击企图而将计就计,包抄后路,那就很危险,应撤出阵地放弃战斗。而如果情况不准确,盲目失去战机,那是没打败仗的败仗。徐向前冷静地分析、思考后，果断地作出判断：情报不可靠。他分析，如果敌人发现我军企图，决不会只派出这么一点兵力来"打草惊蛇"。

徐向前拿起电话告诉陈赓："没有我的命令，原计划不得更变。部队不能动，要严密埋伏，不得暴露。情况先不要向下传。"他放下电话对参谋说："你们注意，敌情没搞清之前，不要向邓政委报告。我们在前面，不能报告不明不白的情况，给他出难题。"紧接着，徐向前派参谋邓仕俊等立即到东阳关、苏家蛟方向查清虚实。徐向前反复叮嘱："一定要把情况搞确实。快去快回！"

两小时后，参谋回来报告的情况与徐向前的判断完全吻合：东阳关方向的敌人并未出动，772团警戒分队看到的，是赶着牲口走夜路的老百姓。徐向前听完参谋的汇报，高兴地说："好！太好了！"遂向邓小平报告了事情发生的经过，并告诉邓小平："仗是可以打的。"

31日8点30分，从涉县开往黎城的日军180多辆汽车进入了我们的埋伏圈。徐向前一声令下，步枪声、机枪声、迫击炮声顿时大作，沉寂的山沟沸腾起来。突然而至的打击，使日军晕头转向，狼奔豕突，汽车在山沟里乱冲乱撞。我军战士如下山的猛虎向敌人冲去，用手榴弹、刺刀解决了顽固抵抗的敌人。

这一仗，打得真漂亮。半日激战，敌第 14 师团辎重队的森本和山田两个中队除 30 余人逃跑外，其余 400 多人全被歼灭，缴获步枪 200 余支，轻机枪 15 挺，炮 4 门。180 多辆汽车全部被摧毁。

在战斗临近结束的时候，东阳关及黎城方向的 400 余名守敌得到消息出来援应，被我 772 团一举击溃，逃回据点。

下午 5 点，日军出动 10 余架飞机在响堂铺狂轰滥炸。然而，徐向前早已率领部队撤出战场，转移到了秋树垣一带。

40 多年以后，徐向前回顾这次战斗写下一首七言诗：

巍巍太行起狼烟，
黎涉路隘隐弓弦。
龙腾虎跃杀声震，
狼奔豕突敌胆寒。
扑天火龙吞残虏，
动地军歌唱凯旋。
……

率部挺进冀南

1938年4月,徐向前参加指挥了反日军"九路围攻"作战。这次作战,八路军129师在长乐村一举歼灭日军1500多人。战斗结束后,蒋介石还特电"嘉奖"刘伯承、徐向前指挥的部队。

粉碎日军"九路围攻"后,4月下旬,129师主力分开为左右两路纵队向平原发展。徐向前率"路东纵队",挺进冀南。5月初,进到巨鹿、南宫县城。这时冀南一片混乱:日军占据着邯郸、邢台、临清等交通要点;一部分"民军"和反动的"六离会"等杂牌武装,活跃在枣强、武邑、衡水等地,真是"司令如牛毛,主任遍天下"。各式各样的游击队几百人一伙,几十人一帮,都打着抗日旗号,称"司令"。

对付这些队伍难,对付老百姓中的"六离会"更难。在南宫县一些村庄,几乎家家户户有人参加"六离会"。每人一个红包袱,包着红衣服。说声集合,取开包袱,

穿上红衣，包袱皮系头，一碗冷水吞下黄裱符，握着刀吆喝起来。还说什么"神保护"他，"刀枪不入"。他们不让八路军进村，还袭击八路军队伍，杀人，抢走电台。干部、战士恨透了这些反动道徒。有人提出，要摆开战线和他打，看他刀枪入不入。

徐向前经历过许多次打反动道会门，在大别山区，碰到过"红枪会"；在大巴山下与"神兵"和"刘神仙"交战过。他知道凡是会道门，都是被地主和反革命利用的。一些农民无知，才误入歧途。硬打，更会增加仇恨的情绪，还会伤害好百姓。他提出要采取"三分军事，七分政治"去对付"六离会"。只在必要时打一下，主要是通过宣传抗日救国的道理，打攻心仗。

按照徐向前的命令，部队向"六离会"展开了攻心战。捉住活的，教育几天放回去；抓了头头，不打不骂不杀头，讲明道理，也放回去。还找他们的亲友、母亲、妻儿去劝说，要他们改邪归正，交出红包袱。工作虽是艰难，可是很快见了效。几个月后，各村的"六离会"徒，纷纷提着红包袱向八路军认错、交包袱。几天内，红包袱交来几千个。大多数人改邪归正，洗手不干了。不少人还报名参加了八路军。

部队都没有平原游击战争的经验，一些干部依托山地作战惯了，乍到平原，无遮无盖，一望无边，不禁心慌意乱。八路军干部、战士从当红军时就和山结下了深情。敌人"围剿"钻深山，飞机轰炸进山洞。山上有野果、野菜、竹笋、野兽当食粮。徐向前在大别山区，常听红军唱："树枝砍不完，根也挖不完，留得青山在，到处有红军。"革命人，都把山看作革命的风水宝地。眼下进入了华北大平原，日军又是飞机，又是坦克，又是骑兵，"小米加步枪"的八路军，能在平原站住脚吗？不少人议论纷纷。

徐向前却坚信：人民群众，才是最高的山，最深的林。他说，军队是鱼，老百姓是水。有水，就能养鱼，山再大，天天挖也能挖平，能移走；人的山是永远挖不平，移不动的。要坚持抗战，要生存和发展，就要在平原发动群众。夜深了，徐向前在一盏小油灯下写了一篇文章。文章中心是讲：人民的力量是伟大的。只有这伟大的力量，才是战胜日本帝国主义的法宝。八路军要在平原开展游击战争，必须把广大人民发动起来、组织起来，造成"人山"。他在这篇题为《开展河北游击战争》一文中说："开展河北游击战争，在中国的持久抗战与取得抗战胜利上，自然没有像山地那样多的地形上的便利。""假如我们能在河北平原地上，把广大的人民推动到抗日战线上来，把广大的人民造成游击队的人山，我想不管什么样的山，也没有这样的山好。"徐向前以惊

开国元帅 徐向前

人的毅力，巧妙的斗争艺术，和宋任穷、陈再道、杨秀峰、刘志坚等一起领导坚持了冀南游击战争。不到一年。徐向前领导冀南军民进行大小战斗400多次，杀伤日伪军5000多人。

冬天过去，春天到来。冀南平原一色绿，反动的"六离会"被制服了，乱如牛毛的各色游击队、伪军和土匪也纷纷归降八路军。各村庄人民群众组织起了妇救会、儿童团、自卫队。抗日救国的口号，响彻平原，抗日的歌声，响遍南宫、威县、邱县、平乡、南和、临清各县。军民一齐上阵，攻打日军和伪军的据点，破坏交通线，真是人的山，人的海，人的密林。徐向前率领下的八路军在人民群众的山、海里，生存、发展、壮大。

奔赴山东

冀南抗日根据地的局面打开了,春意正浓的1939年6月,徐向前又奉党中央的指示和朱瑞奔赴山东。

"在我到山东之前,山东已经有了一个很好的基础。黎玉和张经武等同志领导的山东纵队有2.5万多人,开辟沂蒙山区和胶东等地的根据地。罗荣桓和陈光同志率领的115师一部,创建了泰西根据地,后又进入新(泰)宁(阳)费(县)泗(水)边一带。接着向抱犊崮山区发展。还有肖华同志的挺进纵队在冀鲁边一带活动。"徐向前和朱瑞分别担任八路军1纵队司令员、政委。他们一到山东,发表了通电,立即引起山东各界人士和国民党军政要人的注目。国民党鲁苏战区总司令于学忠表示欢迎八路军抗战,但反对共产党搞政权。徐向前便亲自去和他谈判。

"知彼知己,百战不殆"。徐向前熟读兵书,不但很熟悉自己的部队,同时很了解敌人、友军。对国民党军

许多将领的历史、习惯、性格都能摸得清楚。于学忠是山东蓬莱人,清朝末年考中过秀才。北洋军阀时期,他先在吴佩孚手下当官,后投奔东北军张学良手下,当过东北军的师长、军长。蒋介石曾多次派人暗中拉他脱离东北军,他不干。1936年12月"西安事变"逼蒋介石抗日,于学忠坚决支持张少帅。"西安事变"和平解决后,张学良去南京,被扣押起来,于学忠一直把少帅骑的一匹战马养着,自己不骑,也不许别人骑。他对蒋介石虽不"忠",对共产党却是冷眼相看。他领兵打过红军,大骂过共产党。国共合作抗战了,他又奉行一种哲学:"既不红,又不蓝,三条道路走中间。"

于学忠很敬重徐向前,热情相待。徐向前巧妙地向他说,第三条道路是走不通的,劝他与共产党、八路军真诚的合作抗日。于学忠听着不反驳。只是一谈到政权问题,他就说:"八路军是军队,不能搞政权。你们也搞政权,我这个省政府怎么搞哇!你们不搞政权也可以抗日啊!"

徐向前说:"我们是抗日的军队,要搞抗日根据地,就得建立政权,发动群众。你们政权不给我们粮款,不给我们枪弹,我们只有搞政权,依靠人民才有饭吃,才能坚持抗战。"谈来谈去,于学忠被徐向前说得理屈辞短,最后只好同意八路军搞政权,但提出"要合乎法律"手续,要经国民党政府批准。

徐向前知道合乎国民党的法,则没有人民民主政权。他领导山东军民,采取又联合又斗争的手段,对付在山东的国民党军和政府人员,运用新的战术一次次粉碎日军的"扫荡"。在国民党县政权垮掉的地区,迅速建立起共产党领导下的抗日民主政权;在敌占区和游击区,建立起"两面政权"。1940年底,这些形式的县政权,发展到90多个,设有一个行政主任公署,14个专署,250多个区政权。有了政权,根据地巩固地发展起来。于学忠和他的将领们得知这些,不禁惊呼"共产党真厉害呀"!

重返延安

1940年6月，为去延安参加党的第七次代表大会，徐向前离开了山东。在山东仅仅一年，他为发展创建抗日根据地，付出了巨大的努力，同时指挥八路军进行大小战斗200多次，消灭日伪军和顽固派4500多人。八路军和基干武装发展到8.3万多人。

山东军民都盼着徐向前回去，他也是抱着重返前线的愿望。可是党的"七大"推迟召开，徐向前到延安不久，一天骑马去七里铺参加会议，路上马突然受惊狂跳，造成他左腿胫骨骨折，被送往医院。伤还没完全好，就被任命为陕甘宁晋绥联防军副司令员兼参谋长。他和司令员贺龙、政委关向应、副政委林枫等，为保卫党中央和联防军的建设辛勤工作两年多。1943年春，他接任抗日军政大学代理校长，和政委李井泉、副校长何长工、彭绍辉等，又全力投入建设和培养人才的教育工作。

他任抗大校长时,正碰上延安整风和生产两大运动。整风运动中,康生搞"抢救失足者"的所谓"坦白运动",抗大进驻了整风审干工作组,把抗大57.2%的干部,搞成了"嫌疑分子"、"特务分子"。徐向前这时住在延安,他得知这一情况,几次写信、带话给校总部领导人,要注意防止、纠正审干中出的偏差,要让搞错了的人起来辩白,不要怕大翻案。抗大审干出的偏差,在党中央关怀和徐向前指导下,很快得到了纠正,教学和生产又出现了新面貌。

1944年7月,徐向前因患肋膜炎住进和平医院,病情严重,高热不止,以至连党的第七次代表大会都未能出席。在这次大会上,当选为中共中央委员。自这次患病以后,徐向前身体越来越差,幼年就有的偏头疼症,也不断复发。他对抗大的日常工作和其他工作,只能力所能及地尽心了。他在病中,迎来了抗日战争的最后胜利。

带病出征

1945年8月15日，日本政府宣布无条件投降，中国人民的抗日战争取得了胜利。徐向前满心喜悦和兴奋，然而他又感到遗憾。这一年的4月间，他因病住进延安柳树店和平医院，持续两个多月的高热，使他的身体十分虚弱。一个久经沙场的战将，在病床上迎接抗战的胜利，他的心情是可想而知的。

当徐向前听到抗战即将胜利的消息时，向来看望他的毛泽东请求："日本鬼子快投降了，再不让我打仗就没仗可打了！"

毛泽东安慰心急如焚的徐向前说："身体还未痊愈，还是继续安心静养，以后国民党是不会叫你闲着的。"此时，毛泽东已经预见到抗战胜利后的内战危险，一再提醒全党和军队高级干部精神上要有准备。

徐向前顽强地同疾病展开斗争，以革命军人高度自觉的组织纪律性，无条件地服从医生的"命令"。医生说:"戒烟。"他一下子把吸了几十年的烟戒掉了。

徐向前与病魔顽强搏斗,病情逐步好转。1945年冬天,徐向前出院后在延安枣园继续休养。他密切地注视着事态的发展。每天阅读文电、战报,参加重大会议,悉心研究、分析战局和中央、军委对各解放区作战的指示。

▲ 1940年底,徐向前在延安

1946年6月,蒋介石向解放区发动全面进攻,党中央领导各解放区军民英勇抗击。蒋介石全面进攻受挫后,改为重点进攻陕北和山东两个解放区。1947年3月18日,党中央决定放弃延安,并决定将后方机关及非战斗人员,先行向晋绥解放区转移。这样,徐向前就来到了绥德。

到绥德后,只住了20多天,徐向前就按捺不住了。他和夫人黄杰商量说:"战局这样紧张,老待在后方转来转去,实在不安,我们还是一起到太行前线去吧!"黄杰正怀着身孕,但她完全理解丈夫的心情,支持丈夫到前方去。

徐向前向党中央写了报告，要求去太行解放区。中央复电同意徐向前的要求，要他先到太行山休息，恢复健康后在晋冀鲁豫军区工作。

徐向前和黄杰十分高兴，他们很快收拾好行装，告别了大家，冒着数九的寒风向山西进发。

1947年6月，中央军委任命徐向前为晋冀鲁豫军区第一副司令员。那时军区司令员刘伯承、政委邓小平根据中央指示正在准备率主力部队强渡黄河，挺进大别山。徐向前上任后，与副司令员滕代远、副政委薄一波合作，担负起内线作战，消灭阎锡山军队，解放山西的任务。

两战运城

自1947年6月30日,刘邓大军、陈谢兵团先后奉命外线出击,强渡黄河,挥师南下,挺进中原和豫西,将晋冀鲁豫军区的主力几乎全部投入到新的战场,拉开了解放战争战略进攻的历史性一幕。

就在徐向前送刘伯承出征时,两位老战友难舍难分。刘伯承说:"咱们还是分开好,分开以后,你指挥内线部队作战更能发挥你的指挥才能。留下的部队太少,全靠你扩编和训练了。"

此时,留给徐向前指挥的正规部队确实少得可怜,怎么办?徐向前胸中有全局,一心顾大局。他一方面从地方武装中升级,转为正规部队,以解兵力不足的燃眉之急;一方面又积极动员2万常备民夫,于8月间随陈谢兵团南下,继而又动员7.3万名新兵补充到刘邓、陈粟、陈谢、彭张等野战部队。

徐向前一手抓支前,一手抓部队的组建,为在山西

展开一场与阎锡山的决战作准备。他以太岳军区的基干部队和地方武装为基础，组成第8纵队，辖第23、24两旅6个团，作为军区的主力；以太行军区的分区团队、县独立营、游击队，组成太行独1、独2两旅共6个团；以冀鲁豫8分区地方武装为基础，组成冀鲁豫独2旅（独1旅组成后即归属刘邓大军南下）；以太岳军区第18、19、20分区的地方武装，组成4个团；以冀南地方武装组成两个独立旅，总兵力5万余人。这些部队大多数是由地方武装升级组成的，干部新、兵员新、装备差，各旅团按"三三制"组建，均达不到齐装满员。徐向前知道，要指挥这样的部队面对阎锡山20多万大军，去攻占山西的几座重要城池，确是艰难。

部队整编起来后，司令部有的参谋人员不会写命令，他"手把手"地教；干部、战士地方性、散漫性与游击习气严重，他苦口婆心说服教育。严格训练，严格要求，从实战中提高，使新组建的兵团迅速成长。

解放战争进入第二个年头，摆在徐向前面前的使命是：独立完成内线作战的任务，围困和消灭山西境内阎锡山的15个正规旅，解放山西。对此，朱德总司令就内线部队的建设和作战问题，专门同徐向前谈过一次，要他在内线作战中，专门培训攻坚部队。徐向前深感责任重大。此时山西境内的敌人，已处在解放区的四面包

围之中。他们凭借优势装备，由北至南盘踞在铁路沿线的大同、太原、榆次、临汾、运城等重要城市及晋中地区的一些县城，继续与人民为敌。

运城，位于山西省南端，是兵家必争之地。它南扼陇海铁路、潼关要冲及黄河渡口，北连"卧牛城"临汾。攻下运城，我军便封住了晋南的门户，既能解除陈谢兵团从豫西出击陕东的后顾之忧，又能切断山西敌人南逃的通路，对牵制胡宗南部于渭北地区，配合西北野战军作战，也有积极作用。徐向前同滕代远、薄一波共同研究决定再次打运城，一面攻坚，一面打援，在攻城作战中锤炼部队，为解放山西全境探索经验。他们将作战方案报请中央后很快得到批准。

此时，运城守敌1万余人，由国民党第36师和第17师各一个团、汽车第6团、阎锡山的保安第5团、第11团及其他杂牌军组成坚固防御体系。城墙坚固，明碉暗堡星罗密布，构成一道道、一层层交叉火力网。敌人为了长期固守，储备了大批粮食弹药，誓与人民解放军死拼到底。5月间，太岳部队曾攻打一次该城，经一番激战，占领了飞机场，西关和北关，但越向里打越艰难，因部队要执行南进任务，遂主动撤离转进。

时过4个月，徐向前于9月下旬组织制定了第二次攻打运城的部署。其作战决心是：以王新亭第8纵队和

吕梁独立第3旅、太岳第3团等部，担任主攻任务；以一部兵力部署在临汾、运城之间的要道外，防敌南下增援；以另一部兵力扼控三门峡、茅津渡、风陵渡等黄河渡口，阻击胡宗南派兵增援。

1947年10月8日，3颗绿色信号弹腾空而起，一发发炮弹射向运城外围守敌的阵地，第二次攻打运城的战斗开始了。战斗过程中，徐向前再次电示8纵，对攻击运城，作出更为明确的指示。

经过一个星期的激战，第8纵队将士扫清敌外围据点，运城守敌已在我大军包围之中，敌电台将求援的电波一次又一次地抛向天空。胡宗南深知，丢掉运城对他亦极为不利，唇亡齿寒，不能不管，便派其钟松师4个旅，从三门峡地区北渡黄河，以10万火急增援运城。战场情况的骤变，使原先部署的打援部队，已无法阻挡敌人，于是便急令攻城主力部队撤围，开至平陆一带打援。由于敌人装备精良，突击力和快反力强，而我军火力差，又缺乏打硬仗的锻炼，被胡敌一部突破我之防线，窜入运城，再硬打下去对我极为不利，于是只好暂时取消攻城计划，总结经验教训，以利再攻。

1947年12月初，徐向前组织制定了第三次攻打运城的部署。说也巧，此时王震率西北野战军第2纵队路经晋南，休整待命。徐向前看准了这支生力军，请王震来司令部作客,同他商量参加攻打运城的作战。王震是位战将,性格开朗豪放,一听说参加攻城作战,哈哈大笑,说:"行!"答应得很痛快。徐向前立即将此案上报中央,毛泽东复电:"(一)同意你们打运城。(二)王震纵队应位于黄河北岸要点,确实保证河南敌不能北渡,方有把握,否则敌必增援,攻运仍无把握。"

毛泽东之所以如此部署,是因为胡宗南在黄河南岸的潼关、陕州、洛阳一带有4个旅另一个骑兵团,是渡河增援运城的主要力量,联系第二次攻打运城的失利,故特别强调注意黄河以南的胡敌北渡。

正在这时,徐向前和薄一波、滕代远要继续参加晋冀鲁豫中央局在冶陶召开的全区土地会议,于是,决定组成运城前线指挥部,由王新亭任司令员,王震为政治委员,统一指挥晋冀鲁豫和西北野战军第2纵队两支部队,互相配合,协同作战。攻城任务以第8纵队和第2纵队主力担任,其余部队置于黄河北岸和东岸的要点,准备打击援敌。攻城作战前,王新亭和王震反复研究敌情、地形,提出首先扫清外围据点,选定城西与城北为主攻方向的作战方案。徐向前认真审查了此案,签署同意。

1947年12月16日夜,运城内外一片沉静,静得令人可怕。天下着大雪,寒风刺骨。突然,一颗颗信号

弹升入夜空,接着是一道道炮弹飞行的闪亮轨迹,划破漆黑的夜空,雷鸣般的爆炸声震天动地,第三次攻打运城的大幕拉开了。此时运城守敌为胡宗南、阎锡山部及杂牌土顽,共 1.3 万余人。他们重新修复了被我军二打运城时摧毁的明碉暗堡,加固了纵横交错的交通壕,凭借强大的火力,在东西南北四大护城阵地上,顽强抵抗解放军的攻击。我军的炮火有限,打了一点炮弹,对部队是个鼓舞,对敌人是个震撼,但真正作用大的还是靠战士们抱着炸药包一次又一次地连续爆破。攻城指战员冒雪破堡,横扫外围据点。

经外围争夺战,敌四大护城防御阵地均被摧毁,阵地上死尸遍地,血染大地,残敌为了活命,丢下阵地逃入城中。这时,胡宗南 4 个旅,集结在黄河南岸陕州至潼关一线,企图重演渡河增援的"好戏"。我军如不迅速攻下运城,全歼守敌,一旦胡敌北援,战场又会出现被动,甚至会功亏一篑。24 日,参战部队发起猛攻,激战两天两夜,没能破城。在这较劲的时候,徐向前心里十分清楚:敌我双方的绳子都绷紧了,正在进行一场流血的拔河赛,谁坚持到最后谁就是胜利者。他拿起电话:"要王新亭司令员!"王新亭拿起听筒,传来了徐向前的声音:"王司令,我命令你们,再坚持最后 5 分钟,一定要把运城拿下来!"王新亭坚定地回答:

"是！保证完成任务！"

27日黄昏，第8纵队第23旅组织爆破队，用3000公斤炸药爆破城池，随着一声撕心裂肺的爆炸声，黑黄翻滚的蘑菇云升入天空，北城爆破开了，突击部队的将士们向潮水般地涌入城内。城西亦被王震指挥的部队突破。敌人慌乱不堪，有的负隅顽抗，有的躲藏保命。经过一夜巷战，将万余守敌全歼，28日，当太阳从东方冉冉升起的时候，运城回到了人民的手中。

由于我军迅速攻克运城，胡宗南北援之举破灭了。他为了给"蒋老头子"表示一下"精诚团结"，其前锋从太阳渡抢渡黄河，但遭我太岳三分区部队的顽强阻击后，激战一天，便急忙退回黄河南岸。从运城南逃的千余残敌，亦被太岳三分区部队围堵全歼。

运城攻坚战的胜利，不仅动摇了山西境内敌人守城的信心，也锤炼了部队，使新组建、新升格的部队经过艰苦作战。在战斗意志、战术思想、战斗作风和城市攻坚等方面，都得到了提高，总结了宝贵的攻城经验，为攻打"卧牛城"——临汾，奠定了坚实的基础。在一片欢庆运城解放的锣鼓声中，晋冀鲁豫军区部队、西北第2纵队和根据地的翻身群众，迎来了1948年元旦。

攻破"卧牛城"

1948年5月17日，下午7点30分，临汾城东的前方指挥所里，徐向前发出命令："发射攻城信号弹。""啪，啪，啪"，三颗红色信号弹腾空而起。紧接着，是一声闷雷般的巨响，犹如天崩地裂，敌人防不胜防的"土飞机"上天了！城墙开了花，一股股土柱冲天。大军以排山倒海之势，涌向突破口，突击部队顶着劈头落下的砖瓦土块，踏着爆破后的废墟冲过敌人防线，向纵深发展。徐向前双手举着望远镜，脸上露出胜利的喜悦。前线部队向他报告：突击部队乘烟雾腾起之机，仅以一分钟的时间就登上了临汾城头……

这是一场城市攻坚战，徐向前称之为"啃硬核桃"。

临汾城，位于山西南部，是历史上著名的军事重镇，筑于汾河东岸一片冲积而成的黄土高地上，内高外低。黄土垒砌的城墙，异常坚固，基部厚有30米，高14米，顶宽10米，可容三辆大车并行。城周长近10

公里，城外东南部修有护卫城，高厚度略次于主城。整座城，西傍汾河，其余三面都是开阔地，远远望去，临汾古城宛若伏在汾河畔的一头黄牛，因此人们又把临汾称为"卧牛城"。据说，历史上临汾城从未被攻破过，当年闯王李自成打进了北京城，可就没攻下这卧牛城。

在日本侵略军和阎锡山的盘踞经营下，临汾城壕沟交错，碉堡林立，成了一座坚固要塞。城外有四道环形防线，每道防线上有二丈高的水泥主碉，周围设有集团工事、铁丝网、暗道、鹿砦、地雷区等防御设施。城

▲ 在攻城战斗中，我军运用坑道爆破，保证了突破的成功。这是土工作业小组日夜秘密赶挖攻城坑道

开国元帅 徐向前

内每隔百米有横墙和铁丝网阻隔，有些地方还分设上、中、下三层火力点。环城内壕、集团工事、炮兵阵地与城上的反射火力点，相互交叉，构成坚固的纵深防御体系。城里与城外的暗道相通，直至防御前沿。阎锡山把临汾视为"铜墙铁壁"，攻不破的堡垒。

集中在临汾的兵力，有胡宗南的第30旅和阎锡山的66师两支正规军，还有由逃到临汾的各种杂牌武装还乡团、保警队整编的8个团。总兵力近2.5万人，统归阎锡山的第6集团军副总司令梁培璜指挥。梁培璜为固守临汾，聚积了大批军用物资，并在内部大力进行反共教育，实行特务控制。

徐向前来到临汾前线指挥所是在这一年的2月。他对敌情地形地物进行了缜密的研究、分析，认为只要准备周密，攻克不成问题。徐向前下决心打破这座坚固的城池。

同时徐向前也看到，解放军攻城部队第8纵队、第13纵队和太岳军区部队有5万余人的兵力，但是只有两个旅有运城攻坚的作战经验，大部分部队是刚刚从地方武装升级而来的，缺乏大兵团作战的锻炼，攻坚更是一门新学问。

徐向前指挥部队展开了热火朝天的新式整军运动和练兵运动。在练兵运动中，战士学技术，干部学战术，

除了练好射击、投弹、刺杀三大技术外,徐向前还特别要求全军指战员人人都要熟练地掌握土工作业和爆破两大技术。他风趣地说:"这叫学土行孙的办法,钻到地下去作战,出其不意。"土行孙,是《封神演义》中的神话人物,擅长钻地行走,来无影,去无踪,在姜太公手下屡建战功。

后来在战斗中证明,徐向前根据我军炮火不强,城坚难摧的情况,设计从地下想办法,依靠坑道爆破解决战斗的"土行孙战法",是一个有先见之明的战法。

3月6日,敌数架运输机在临汾城南机场降落,运走了胡宗南第30旅的1个营。徐向前得到敌人企图逃窜的情报后当机立断,决定提前执行战役计划,3月7日发起进攻。部队连夜急行军,包围临汾城,并控制机场,使敌人空运计划破产,临汾守敌成为瓮中之鳖。梁培璜凭借强固工事和优势火力顽固抵抗。

解放军迅猛突击,一周之后夺取了城外敌人的大部分主阵地。之后,从东、南、北三面向城垣附近突击受阻。徐向前到前沿去观察地形,了解敌人的火力配置情况,然后决定先夺取东关,再依托东关攻入主城。东关,即前面提到的城东南面的护卫城,是敌人的主要防御方向,由敌66师重兵扼守。

3月23日,部队两次攻打东关都未能攻下。徐向

前召开团以上干部会总结攻临汾战斗初步经验,并吸收战斗小组战士参加会议,听取和了解战士们在作战中的对策和办法。他决定重新部署兵力,调炮团集中火力支援,指示部队用"土行孙"的战法攻破东关。会后,徐向前叮嘱担任东关主攻的8纵队司令员王新亭:不能性子急,要准备打持久战。徐向前还笑着对王新亭说:"要是再打不下来,你就和我一块儿上五台山去。"两个人爽朗地大笑起来,充满了必胜的信心。

攻城部队一面在地面上与敌人争夺外壕,一面精心在地下进行坑道作业。4月9日,8纵队4条坑道先后完成,连夜装药。4月10日下午4时,在火炮的配合下,坑道一齐点火爆破成功,突击队杀声震天,冲过内壕,占领东关。

攻克东关,阎锡山忧心如焚,又无力派兵,就电令梁培璜"人尽物尽,城存成功,城亡成仁"。蒋介石在南京"国民大会"上宣称决心保卫临汾。蒋介石、胡宗南、阎锡山都派飞机到临汾轮番轰炸。战斗更加紧张激烈,形成空中、地面、地下的三层立体战争。

敌人在东关尝了"土飞机"的厉害,绞尽脑汁,加强了反坑道战的种种措施。他们大量挖掘丁字形反坑道,在坑道内遍设听音缸,发现动静就以坑道对挖,临近时炸毁我坑道。在地面以各种手段侦察解放军坑道的位置，窥得迹象则以飞机、大炮轰击，还派出亡命徒袭扰。

为了粉碎反坑道战术，保障坑道安全掘进，攻城部队与敌人展开对挖、对炸、对听等针锋相对的斗争。当坑道通过敌人城下外壕时，进入了非常艰苦的阶段，坑道内严重缺氧，掘进速度缓慢。为了保密，战士们不再用镐头，改用三股齿、小铁铲挖土，脚上缠着破布棉絮走路，用打手势代替说话。敌人的反坑道又密又多，攻城部队主坑道得不断拐弯，每前进一步都要付出很大代价。徐向前几次下坑道察看，同战士们一起研究改进作业方法。面对严峻的考验，徐向前告诫指战员："当你是最困难的时候，也是敌人最困难的时候，常常是当你因困难而决心发生动摇的时候，恰恰正是敌人对胜利已感到绝望的时候。这种时机是最紧要的关头，这种时机决定于何方能坚持……何方就能取得胜利。"

在战斗进行到最艰苦、最困难的时候，朱德总司令来信，全力以赴支持徐向前同志的决心，不要怕伤亡大、时间长，一定要拿下临汾。徐向前向部队下达紧急动员令：为坚持最后5分钟夺取胜利而斗争！坚决拿下临汾城！

在解放军的不断打击和长期围困之下，敌人伤亡惨重，兵源枯竭，物资困难，弹药将尽，士气低落。梁培

璜已看到末日将临，残暴地实行高压手段，临汾城变成了一座暗无天日的人间地狱。

5月17日，解放军完全扫清了敌人的外围阵地，两条破城坑道胜利地挖到城下。战士们正在把炸药装入坑道药室时，突然听到敌反坑道作业的声音，情况万分紧急。徐向前果断决定提前发起总攻，于是就有了开始那一幕。

5月18日零点，历时72天的临汾战役结束。当日上午，徐向前率参战部队指挥员登上突破口，视察敌防工事，总结攻坚经验。

梁培璜没有"成功"亦没有"成仁"，而是成为解放军俘虏营中的一名俘虏。当徐向前问他为什么死守临汾时，他说："临汾城是卧牛城，易守难攻，历史上连李自成也没有攻下，原以为解放军就几门土炮，顶不了什么用，想不到土飞机这么厉害！"

攻克敌人在晋南的最后一个据点临汾，有力地策应了解放军西北和黄河以南各部队的作战。晋冀鲁豫解放区和晋绥、西北解放区连成了一片，"土皇帝"阎锡山的统治动摇了。

发动晋中战役

1948年6月,打下运城,攻克临汾后,山西全境尚有敌20多万人,固守在晋中一些重要的据点。徐向前此时手下的部队不足6万人。而且经两次攻坚战伤亡较大,供给也困难,不少部队是新兵多于老兵,新扩编的部队多于老部队。敢不敢继续打大仗、打硬仗,是摆在徐向前面前的严峻考验。徐向前此时改任华北军区副司令员兼第1兵团司令员兼政委,他以坚强的决心,精心的计划,和兵团领导人周士第、陈漫远、胡耀邦等,指挥部队发起了晋中战役。

阎锡山坐镇太原,指挥13万大军,扼守在同蒲路至灵石一线。敌前线总指挥赵承绶,把34军、43军、61军和"亲训师"、"亲训炮兵团"组成了"闪击兵团",准备哪里危险就往哪里去"闪击"。病中的徐向前坐着担架指挥6万精兵,采取包抄、围攻灵活机动的战术,在汾河东岸把号称精锐的"亲训师"大部歼灭。接着不

给敌人喘息机会，接连发动进攻，苦战中部队伤亡大，疲累难忍。指挥员打电话请示：能不能稍稍后撤休整一下。徐向前斩钉截铁地说："不行，不行，坚持最后5分钟！"有的部队指挥员电话报告："部队实在走不动了，要求休息一下。"徐向前不允许停留，他严厉命令："走不动，爬也要爬到指定岗位上！"他多次说："运动战就是要打活战，要求动作要快。"部队在他的指挥下，苦战、巧战，历时30天，歼敌10万余人，俘山西省保安司令兼敌前线总指挥赵承绶以下将领14名，解放县城14座。

历史上巧合的事情真多，敌前线总指挥赵承绶竟是徐向前的同学，当年他们同在太原国民师范读书。

赵承绶被押到徐向前面前，徐向前问他："还认识吧？"

"你……"赵承绶一抬头似乎认出了。

徐向前指指凳子请他坐下，说："你为阎锡山打了这些年仗，一点不看形势。太原是孤岛了，你还顽抗什么哟！也不给自己选条路！"

赵承绶败在老同学手下，惭愧难言。他曾向阎锡山夸口说"徐向前不堪一击"，而他自己却被彻底击败了。

徐向前向这位同学"请教"："你看，我们作战有何缺陷呀？"这不是讽刺，是他的习惯，每次俘虏到敌人的指挥官,他总要这么提出问题,以便总结经验教训。

赵承绶低头说:"惭愧,惭愧呀!"

谈话中,徐向前得知赵承绶的老婆被俘,忙向参谋说:"查查看,她在哪里,让他们团圆吧!"

赵承绶感激万分,连声道谢。

决战故乡

晋中战役胜利后,党中央向徐向前发了贺电,指出:"仅仅一个月中,获得如此辉煌战绩,对于整个战局帮助极大。"在西柏坡中央召开的一次会议上,毛泽东主席高兴地向徐向前说:"向前同志,你们不到6万人,一个月消灭阎锡山10万。光是正规军就搞掉他8个旅,仗是怎么打的呀!"徐向前笑笑,谦虚地说:"是按主席的指示呀。"毛泽东笑着摇摇头。

晋中战役结束后,徐向前的病情更严重了。每餐只能吃少许麦片之类软食。路经石家庄和平医院进行了一次身体检查,不光旧病有发展,消化和吸收功能都极差。医生的结论:病情到了"极点",要他至少静养3个月。徐向前只休息了20多天,又回到太原前线。

太原,是山西军阀阎锡山经营38年的老窝,也是山西境内最后一个反动堡垒。阎锡山穷途末路,在太原四周筑起5000多个碉堡,什么"钢筋水泥碉"、"梅花碉"、"老虎堡"、"人字碉"、"好汉堡"。阎锡山还不放心，又来个"总动员"，日夜继续加修碉堡，说什么"地球转动一天，我们的工事要加强一天"。梦想着依靠"攻不破的太原城"，准备"大反攻"。太原守敌共有6个军17个师，约7万多人，加上太原城外守军共13万多人。徐向前被委任为太原前线司令员兼政委，同时任党的总前委书记。尽管这时他重病在身，但他以"任务重于生命"的一贯思想，抱病指挥着最后解放故乡的决战。

太原战役，从1948年10月5日开始，先是外围战，接着夺取太原城下的"四大要塞"。徐向前熟悉太原的争战史，明末1644年2月李自成攻打太原，1937年日军攻打太原，都是从依靠东山攻城的。徐向前在一次会上说："我们要根据自己的兵力和装备技术，决不能走他们攻城的老路。"他提出从南北两个方向插入东山四大要塞。先把东山主峰切断。他说：阎锡山有个比喻，叫做"太原形势像人样，东山好比太原头，手是南北飞机场，两脚伸在汾河西，太原城内是五脏"。攻下四大要塞一线阵地，就等于割断他的咽喉。

徐向前常常坐着担架，到前沿炮兵阵地和各指挥所巡视。有时挂着棍子在警卫人员搀扶下，一个山头、一个阵地走。为对敌军加强政治攻势，他请高树勋出面给

敌军官写信，劝其放下武器。由于他操劳过度，在攻夺四大要塞激战中，他完全病倒了。体温升高，胸部积水，肋膜炎加重，躺下翻身都难。这时中央为稳住华北敌人，命令太原前线暂停攻城。徐向前这才得以休息。周恩来副主席亲自安排医生到太原前线为徐向前治病，并要他"静养"。徐向前很难静下，每天在病床上还参与一些重大决策。直至1949年4月，彭德怀司令员来到太原前线，指挥总攻太原，徐向前才稍得安心治病。

　　1949年4月25日太原解放，守敌13万余人被歼。在欢呼解放声中，徐向前忍着病痛，经指挥部进驻到太原，兼任军事管制委员会主任。他在指挥部队清查战犯和战利物资的同时，着手恢复生产、安排太原人民的生活。

新中国第一位总参谋长

1949年10月1日,中华人民共和国宣告成立。19日,徐向前被任命为中国人民解放军总参谋长,因身体有病,由聂荣臻代理。但他仍然参与中央和军委工作的重大决策。

1951年徐向前率我兵工代表团访问苏联,筹划部队改编、改装和建立国防工业,为军队现代化建设奠定初步基础。

1954年起,徐向前任中央人民政府人民革命军事委员会副主席、国防委员会副主席。1955年秋被授予中华人民共和国元帅军衔和一级八一勋章、一级独立自由勋章、一级解放勋章。

▲ 中国人民解放军总参谋长徐向前

1966年起任中央军委副主席，先后分管人民防空和民兵工作。他多次论及人民战争是我们克敌制胜的主要法宝，指出人民战争的传统必须永远坚持和发扬，提出民兵建设总的指导思想是：重视民兵在保卫国防、和平建设和未来反侵略战争中的重要战略地位；全面加强民兵建设，特别是边海防地区的民兵建设；通过整顿、教育和训练，不断提高民兵队伍，尤其是基干民兵和人武干部的素质；民兵建设以抓基层为主，不要大摊子，不搞空架子，劳武结合，以劳为主，城乡民兵都要带头搞好生产，民兵活动要服从生产；军事训练尽量分散、就地、小型化，反对形式主义；坚持地方党委和军事系统对民兵建设的双轨制领导制度；实行民兵与预备役相结合的战略后备力量制度和民兵的经常性训练教育制度，充分发挥民兵在国防经济建设、保卫海防边防、维护社会治安中的作用。

从1956年起，徐向前任第三、第四届全国人大常委会副委员长。

1966年以后的"文化大革命"期间，徐向前同林彪、江青反革命集团进行了坚决、顽强的斗争。1967年2月，他与几位老一辈革命家一起，大义凛然，强烈谴责和揭露林彪、江青等人的反党乱军阴谋。之后，被贬斥到河南开封。他身处逆境，仍关心国家军队的命运，坚持斗争。1969年夏，他受毛泽东、周恩来委托，在陈毅主持下，与叶剑英、聂荣臻一起，全面深入地研究了国际形势，为打开对外工作的新局面，提出了战略性意见和建议。

1973年5月，他以中华人民共和国特使的身份，率领代表团出访斯里兰卡；同年7月，又率军事代表团访问阿尔巴尼亚。在紧张、繁忙的国务活动和军委领导工作中，迎来了中国改革创新的新的历史时期，他为拨乱反正、贯彻党的基本路线和一系列方针政策，出谋献策，为人民解放军的革命化、现代化、正规化建设，夜以继日地工作。

1978～1980年任国务院副总理兼国防部部长。1982年9月～1985年5月任中华人民共和国中央军事委员会副主席。这期间，徐向前在坚持毛泽东军事思想的前提下，对新时期的国防发展和军队建设，强调提出不论在任何情况下，都必须坚持党对军队绝对领导的方针原则。人民军队必须坚持全心全意为人民服务的建军宗旨，继承和发扬我军的优良传统，永远保持人民子弟兵的阶级本色；他指出建设现代化的国防力量，必须服从国家经济建设的大局，坚持自力更生为主的原则。充分利用相对稳定的国际和平环境，研究和掌握现代化先进军事科学技术，把国防现代化搞上去；他主张明确作

战对象，坚持积极防御的战略方针。要立足现在，准备未来，重点设防，纵深配备，依靠主力部队、地方部队和民兵三结合的体制，随时准备战胜大规模入侵之敌。他要求精简军队，合理编制，从实际出发，科学地定编定员定装。平时编制要为战时服务，各军兵种的比例要合理。各战区的地形、任务不同，编制不能机械划一。编制一旦确定，要保持其相对稳定性。

他提出武器装备的现代化是军队现代化的重要标志。要改变我军武器装备的落后状况，必须大力加强新式武器的研制和新技术的开发，改革装备管理体制和军工科研体制，充分调动科研队伍的积极性。他认为，人才是建军之本，没有大批适应现代化要求的德才兼备的干部，特别是领导骨干，编制再合理，装备再先进也不顶用。要改革干部工作制度，善于发现人才，使用人才，爱护人才。院校是我军造就人才的基地，要切实把院校工作摆到战略地位，不断加强。

他指出现代战争和军事科学技术的发展，离不开科学理论的指导，尤其是军事科学的研究和创新。应大力加强军事科学研究，既要坚持毛泽东军事思想，又要结合新的条件加以发扬光大；既要尊重我们的经验，又要吸取国外的有益经验等。这些见解和思想，对丰富和发展新时期军队建设的理论作出了积极的贡献。

遗言

1990年6月，徐向前住进解放军总医院。

90高龄的老元帅心脏一直很好，但从3月开始，多次发生心绞痛。经过诊治，病情虽然有了缓解，但是心绞痛仍不时发生。从6月5日起又患感冒发低热，经过20多天的抗感染治疗，均不见效。6月27日以后，病情急剧发展。6月9日，李先念赶到了总医院病室，只见病房外气氛不寻常。他正想要不要进去惊动徐帅，徐向前从护士话中得知李先念来了，便示意请他进来。

从1929年起，徐向前和李先念在大别山相识，他们是生死与共的战友。李先念是黄麻起义的老战士，是一位从木匠成长起来的名将，有勇有谋，胸怀大略，在中国革命战争中屡建奇功。徐向前对他特别尊重。李先念从在大别山起，就在徐向前领导下，他心目中的徐向前元帅是一位"具有坚定共产主义信念、百折不挠、战斗不息的忠诚的马克思主义者"，是位"大智大勇、慎

思断行、擘画军事、驾驭战争的能手",是位"坦荡无私、刚毅木讷、顾全大局、谦虚谨慎、廉洁公道的人民公仆"。李先念就是在国家主席的高位上,也是把徐向前元帅看成自己知心战友。

两位战友今日相会,谁都明白,这将是难能可贵的时光。徐向前略微睁大眼睛,向坐在床边的老战友说:"我的遗言有3条:一是不搞遗体告别;二是不开追悼会;三是把我的骨灰撒到大别山、大巴山、河西走廊和太行山。"李先念握着老战友的手说:"你会好起来的。"徐向前摇头,他好像感到自己的时间不多了。

两位老战友紧紧拉着手,谁都不分开。在场的医生、护士无不动情,个个把脸转向后面偷偷地擦拭着泪水。

"忘记过去,就意味着背叛。"徐向前十分赞赏这句话。他从不忘过去,不忘人民,不忘战友,更念念不忘国家的命运和党风好转。徐向前对自己要求特别严,对亲属和子女更是"不开绿灯"。他教育子女们说:路是自己走出来的,不要以为爸爸是什么元帅,妈妈又是什么司长,就打着旗号去搞名堂,向单位提要求。不能靠父母铺路,还是自己走自己的路。他的4个子女,多是普通干部,有的是军医、工程师,都是自己奋斗出来的。

在知识青年上山下乡成为"必修课"的年代,他最小的女儿中学毕业后,照例服从规定,去内蒙古建设兵团当农工,后来又去当兵,成长为军医。侄孙女在黑龙江北大荒"插队",侄儿想从叔叔那里"走后门"让孩子去当兵,徐向前说:"我不能破这个例。孩子要当兵,就按正常手续办,不许走后门。"侄孙女最后靠自己奋斗,考取了大学。二女儿40多岁时,是一个单位的工程师。在80年代初,一家人还住着8平方米的小屋,单位调整住房时,给调换了20平方米的小套房。徐向前听说此事,对女儿好一顿审问:"是正常调的房,还是搞了不正当活动?""是不是托人说了话?""要是搞不正之风,马上退回去……"审得女儿委屈得几乎要哭,说清了实情,才算罢休。

8月5日,儿女们围在他的身边。他看见儿子、女儿、儿媳和女婿都来看望他,又郑重地说:"我说不了多少话,我要说的是,我死后一不搞遗体告别,二不开追悼会,三把骨灰撒到大别山、大巴山、河西走廊、太行山。这就是我留给你们的遗言。你们要永远跟着党走,贯彻党的方针、路线,言行一致,说到做到。现在党风不正,有些人光说不做。"儿子徐小岩忍住泪说:"爸爸,你不要说了,你说的话,我们都记住了。"

8月8日,中共中央总书记江泽民来到徐向前的病

榻前。他刚从西藏视察归来。徐向前握住江泽民的手说："以你为首的党中央制定的路线、方针、政策以及所采取的办法，都是马克思主义的，我是坚决拥护的。我身体好一些常听广播。看到现在的社会风气和经济状况有好转，我很高兴……"江泽民两眼湿润，安慰元帅静养。他走出病房后，对在徐向前身边的工作人员说："徐帅是老布尔什维克，他不愧是共产党人的楷模！"

1990年9月21日零时21分，伟大的无产阶级革命家、军事家徐向前与世长辞。他的丧事，最后是按照他的三条遗言办的，一切从简。按他的遗嘱，骨灰撒在了大别山、大巴山、河西走廊、太行山。

徐向前的名字将和高山一样巍然屹立。